Serie

Caminando en la Luz

El Shabat

La verdad en la escritura concerniente al Shabat
y la observancia cristiana del domingo

Todd D. Bennett

Shema Yisrael Publications

Caminando en la Luz

El Shabat

La verdad en la escritura concerniente al Shabat y la observancia cristiana del domingo

El Shabat

La verdad en la escritura concerniente al Shabat y la observancia cristiana del domingo

Primera impresión al español, 2011

Traductor: *Harold Calvo, San José, Costa Rica.*

A menos que se anote, los pasajes de la Escritura están traducidos por el autor.

Derechos de autor © 2005 por Shema Yisrael Publications

Está completamente prohibida la reproducción de este libro, o la transmisión del mismo de cualquier manera: electrónica, mecánica, fotografiada (fotocopia), grabada o de cualquier tipo bajo la Ley Internacional de Derechos de Autor, sin la debida autorización de el mismo.

Para mayor información escriba a: Shema Yisrael Publications, 123 Court Street, Herkimer, New York 13350.

ISBN: 0-985-00043-0

Número de la Biblioteca del Congreso en EEUU: 2005906540

Por favor visite nuestro sitio web para otros títulos:

www.shemayisrael.net

Para información acerca de la publicidad y entrevistas con el autor favor de comunicase al tel. (315) 939-7940

El Shabat

La verdad en la escritura concerniente al Shabat y la observancia cristiana del domingo

"Por tanto, se decreta un Shabat para el pueblo de YHWH."

Hebreos 4:9

Tabla de Contenidos

Agradecimientos
Capítulo 1   En el Principio   1
Capítulo 2   El Cuarto Mandamiento   5
Capítulo 3   Un Día para Toda La Creación   8
Capítulo 4   ¿Una Fiesta Solemne?   15
Capítulo 5   Una Señal   23
Capítulo 6   Un Pacto Eterno   27
Capítulo 7   Guardando el Shabat   32
Capítulo 8   El Mesías y el Shabat   40
Capítulo 9   Los Primeros Creyentes
              y el Shabat   50
Capítulo 10   Pablo y el Shabat   55
Capítulo 11   El Domingo – El Día del Señor   65
Capítulo 12   El Cristianismo Protestante
              y el Shabat   79
Capítulo 13   Bendiciones y Maldiciones   85
Capítulo 14   Conclusión   92

Notas Finales   102
Apéndice A – El Shabat Lunar   122
Apéndice B – El Ciclo Continuo del Shabat   125
Apéndice C – Resumen de la Serie de
              Caminando en la Luz   128
Apéndice D – El Shema   131

Agradecimientos

Debo primeramente agradecer a mi Creador, Redentor y Salvador que abrió mis ojos y me mostró la Luz. Él nunca me abandonó e incluso, cuando, en ciertos momentos, parecía que yo lo abandonaba a Él. Él es siempre paciente y verdaderamente impresionante. Sus bendiciones, sus misericordias y su amor perduran para siempre y mi gratitud y mi acción de gracias nunca podrá ser expresada en palabras.

De no haber sido por la paciencia, las oraciones, el amor y el respaldo de mi hermosa y amada esposa Janet y mis extraordinarios hijos, no hubiera sido capaz de lograr este trabajo. Ellos me dieron la libertad para perseguir la visión y los sueños que mi Padre Celestial puso en mí y por eso estoy muy agradecido.

Gracias con cariño a mi padre, que incansablemente cuidó de mi y me sostuvo con "fortaleza" mientras estuve en tierras lejanas viajando, investigando y escribiendo.

Introducción

"²⁰ Pues todo el que hace lo malo aborrece la luz, y no se acerca a ella por temor a que sus obras queden al descubierto.²¹ En cambio, el que practica la verdad se acerca a la luz, para que se vea claramente que ha hecho sus obras en obediencia a Dios."

Juan 3:20-21 NVI

Este libro titulado "El Shabat" es parte de un volumen de trabajo educacional llamado: Series de "Caminando en la Luz". Como tal, está construido sobre un número de otros temas y perfectamente el lector estará informado en temas tales como el Paganismo, El Nombre del Creador, Las Escrituras, El Redimido, El Mesías La Ley y la Gracia entre otros. Debido a la importancia del tema de este texto, y a cada volumen de las serie, he intentado presentarlos de tal manera que puedan ser únicos. Para hacer esto he utilizado amplios comentarios y yo alentaría al lector a revisar las notas al final de el mismo para poder entender mejor el presente tema.

El libro, y toda la serie, fue escrito como resultado de mi investigación con respecto a la verdad. El haber crecido en una de las principales denominaciones cristianas protestante desde que yo era un niño, me hizo entrar en una doctrina que muy a menudo parecía contradecir las mismas palabras contenidas en las Escrituras. Siempre consideré ser un cristiano aunque nunca tomé el tiempo para investigar los orígenes del Cristianismo o para entender exactamente lo que realmente significa el término Cristiano. Simplemente crecí creyendo que el Cristianismo estaba en lo correcto y todas las demás religiones estaban equivocadas de alguna manera deficiente.

Ahora mis creencias fueron fundadas en más que simplemente fe ciega. Yo había experimentado a un "Dios vivo", mi vida había sido transformada por un Redentor amoroso y había sido lleno con un Espíritu poderoso. Yo sabía que estaba en el camino correcto, pero siempre sentí que algo faltaba. Estaba seguro que había algo más en esta religión llamada cristianismo; no en términos de un Dios diferente, sino de lo que compone este sistema de creencia al cual me suscribí, y esta etiqueta que usaba como una insignia.

A través de mi caminar cristiano experimenté muchos altos y bajos, pero a lo largo del camino nunca sentí que entendiera por completo de que se trataba mi fe. Claro, sabía que "Jesús había muerto en la cruz por mis pecados" y que yo necesitaba creer en mi corazón y confesar con mi boca para "ser salvo". Le "pedí a Jesús que entrara en mi corazón" cuando yo era un niño y verdaderamente creí en lo que había hecho pero nuevamente, siempre sentía que faltaba algo. A medida que crecía, me encontré a mí mismo progresando a través de diferentes denominaciones, cada vez aprendiendo y creciendo mas , siempre agregando algunas piezas al rompecabezas, pero Sin poder mirar todo el contexto.

Un ministerio de la Universidad me hablo De el bautismo del Espíritu Santo, , sin embargo, mientras estas personas parecían practicar una fe más completa que aquellas en mis denominaciones anteriores, muchas de mis preguntas originales permanecieron sin respuesta e incluso más preguntas surgieron. Parecía que por cada paso nuevo que tomaba en mi fe, yo agregaba un nuevo adjetivo a la presente etiqueta ambigua de "Cristiano". Fui de ser un mero cristiano a un cristiano, del evangelio completo, nuevo testamentario, carismático, lleno del espíritu, nacido de nuevo; aunque nunca me pude deshacer del malestar persistente de que todavía faltaba algo.

Por ejemplo, cuando leía Mateo 7:21-23, siempre me sentía incómodo. En esa Escritura, el Mesías dice: *"No todo el que me dice: Señor, Señor, entrará en el reino de los cielos, sino el que hace la voluntad de mi Padre que está en los cielos. Muchos me dirán en aquel día: Señor, Señor, ¿no profetizamos en tu nombre, y en tu nombre echamos fuera demonios, y en tu nombre hicimos muchos milagros? Y entonces les declararé (públicamente): Nunca os conocí; apartaos de mí, hacedores de maldad (ignorantes de mis mandamientos)."* La Biblia Amplificada.

Este pasaje de la Escritura siempre me molestó porque sonaba como a las Iglesia Cristianas moderna, en particular, a las iglesias carismáticas a las que yo había estado asistiendo donde los dones del Espíritu estaban operando. De acuerdo al pasaje de la Escritura, no eran las personas que *creyeron* en las manifestaciones espirituales quienes estaban siendo rechazadas, sino aquellos que los estaban practicando . Yo pensaría que esto pondría ser a pensar a todos los Cristianos.

Primero que nada "en ese día" habrá mucha gente que estará llamando al Mesías "Señor". Ellos también estarán llevando a cabo increíbles actos espirituales en Su Nombre. Sin embargo, en última instancia, el Mesías abiertamente y públicamente les dirá que se aparten de Él. Él les dirá que Él nunca los conoció y específicamente Él los identifica por sus acciones, lo cual es la razón por la cual son rechazados; ellos actuaron mal e inicuamente. En pocas palabras, ellos desobedecieron Sus mandamientos. También creyeron que estaban haciendo estas cosas en Su Nombre, no fue así, porque puede ser que ellos nunca hayan conocido Su Nombre. En esencia, ellos no lo conocieron a Él y Él no los conoció a ellos.

Creo que muchos Cristianos son perseguidos por esta Escritura porque no entienden a quien se aplica o lo que significa y si fueran realmente honestos, deberían admitir que no hay otro grupo en la faz del planeta al que se pudiera referir excepto a la "Iglesia Cristiana."

Esta serie provee la respuesta a ese dilema y debería proveer una resolución a cualquiera que haya sufrido ansiedad debido a este verso. Por último, mi búsqueda por respuestas me trajo de vuelta al punto inicial de mi fe. Me quedé con la pregunta: "¿Cuál es el origen y la esencia de esta religión llamada Cristianismo?" Me vi obligado a examinar muchas de las creencias a las que yo me había sujetado y a probarlas con la verdad de las Escrituras.

Lo que descubrí fue nada menos que aplastante. Experimenté un parapeto el cual es un momento en las tragedias de Grecia donde el héroe se da cuenta que todo lo que él sabía estaba equivocado. Descubrí que muchas de las bases de mi fe no eran rocas de verdad, sino arenas de mentiras, engaño, corrupción y paganismo. Vi la Escritura en Jeremías (Yirmeyahu) hacerse realidad justo en frente de mis ojos. En muchas traducciones, este pasaje dice: "SEÑOR, fuerza y fortaleza mía, mi refugio en el día de la angustia: desde los confines de la tierra vendrán a ti las naciones, y dirán: "Sólo mentira heredaron nuestros antepasados; heredaron lo absurdo, lo que no sirve para nada. ¿Acaso puede el hombre hacer sus propios dioses? ¡Pero si no son dioses!" Yirmeyahu 16:19-20 NVI.

Descubrí que yo había heredado mentiras y falsas doctrinas de mis padres de la fe. Descubrí que la fe a la que yo había ingresado había hecho dioses que no eran dioses y vi muy claramente como muchos podrían decir "Señor, Señor" y sin conocer realmente al Mesías o hacer la voluntad del Padre porque ellos rechazaron Sus Mandamientos. Descubrí que muchas de estas mentiras no eran simplemente solo pequeñas discrepancias sino que errores críticos que podrían posiblemente tener el efecto de dejarme fuera de la Nueva Jerusalén si yo continuaba practicándolos. (Apocalipsis 21:27; 22:15).

Mientras que parte del problema se originó de falsas doctrinas que se han filtrado dentro de la religión Cristiana, también tuvo que ver con anti Semitismo incrustado a través de los siglos e incluso errores de traducción en las mismas Escrituras en que yo había basado mi fe. Un buen ejemplo es el siguiente verso del profeta Jeremías (Yirmeyahu) que la mayoría de traducciones provee: *"Por eso, esta vez les daré una lección; les daré a conocer mi mano poderosa. ¡Así sabrán que mi nombre es el SEÑOR!"* Yirmeyahu 16:21 NVI.

¿Podría nuestro Padre Celestial realmente decirnos que Su Nombre es "El SEÑOR"? Esto es un título, no un nombre y por cierto, ¿no estará mucha gente clamando "Señor, Señor" y se les dirá que Él nunca los conoció? Es obvio que usted debería conocer el nombre de alguien para tener una relación con él. ¿Cómo es posible que usted pueda decir que usted conoce a alguien si usted ni siquiera conoce su nombre? Entonces debemos de preguntarnos : "¿Cuál es el Nombre de nuestro Padre Celestial?" La respuesta a este aparente misterio se encuentra justo debajo de la superficie del texto traducido. De hecho, si la mayoría de gente tomara el tiempo para leer las notas de los traductores en frente de sus "Biblias", descubrirían con facilidad el problema.

Usted encuentra que el Nombre de nuestro Creador se encuentra en las Escrituras casi 7,000 veces, aunque hace mucho tiempo, una falsa doctrina se creó en torno a pronunciar el Nombre. Se determinó que el Nombre no podía, o no debía, ser pronunciado y por lo tanto fue reemplazado. Así, a lo largo de los siglos el Nombre del Creador que nos fue dado para que lo conociéramos a Él y fuéramos, no solo sus hijos, sino que también Sus amigos, (Isaías 41:8, Santiago 2:23, Juan 15:15) fue suprimido y alterado. Ahora usted encontrará gente usando descripciones, títulos y variaciones para reemplazar el Nombre tales como: Dios, Señor, Adonai, Jehovah y Ha Shem ("El Nombre") en lugar del Nombre verdadero que fue dado en las Escrituras. ¡Qué tragedia y que error!

Uno de los Diez Mandamientos, también conocidos como las Diez Palabras, específicamente nos ordena a no tomar el Nombre del Creador "en vano" y *"porque Él no dará por inocente al que tomare su nombre en vano."* (Éxodo 20:7). A la mayoría de los Cristianos se les ha enseñado que esto simplemente nos adviarte de usar el Nombre ligeramente o en el contexto de maldecir o en alguna otra manera irrespetuosa. Esto ciertamente es un aspecto del mandamiento, pero si nos fijamos más en la palabra Hebrea de vano – שוא (que se pronuncia shav) encontramos que tiene un significado más profundo en el sentido de desolación, inutilidad o.

nulidad lo tanto, hemos sido advertidos de no solo evitar usar el Nombre ligeramente o irrespetuosamente, sino que también no anularlo, lo cual es exactamente lo que se ha hecho a través de los siglos. El Nombre de nuestro Creador el cual nosotros tenemos el privilegio de acudir y de enaltecer ha sido suprimido al punto que la mayoría de creyentes ni siquiera conoce el Nombre, y mucho menos lo utiliza.

Esto suena como una conspiración de proporciones cósmicas y lo es. Cualquiera que crea en las Escrituras debe entender que hay una batalla entre el bien y el mal. Hay un Príncipe de las Tinieblas, Satán , que entiende muy bien la batalla que se ha desatado desde el tiempo de la creación. Él hará cualquier cosa para distraer o destruir a aquellos que buscan la verdad y él es muy bueno haciendo lo que hace. Él es el Maestro del Engaño y el Padre de Mentira y él no quiere que la verdad sea revelada. Su meta es robar, matar y destruir. (Juan 10:10). El enemigo ha operado abiertamente y de manera oculta a lo largo de los siglos para infectar, engañar, distraer y destruir a los creyentes con falsas doctrinas. Él verdaderamente es un lobo con piel de oveja y su deseo es robarle al creyente las bendiciones y su vida.

Al leer este libro, espero que usted vea como él ha trabajado su engaño con respecto al Día de Shabat. Se nos han dado maravillosas promesas en las Escrituras con respecto a bendiciones para aquellos que obedecen los mandamientos. Desgraciadamente, a muchos creyentes les han robado esas bendiciones a causa de falsas doctrinas que les enseñan a no guardar los mandamientos convirtiéndolos así en individuos desenfrenados. Su creencia no es seguida por obras justas haciendo su fe vacía, y en cierta medida, impotente.

Mi esperanza es que cada lector tenga una experiencia donde se abran sus ojos y sea cambiado para siempre. Sinceramente creo que las verdades contenidas en este libro y toda la "Serie de Caminando en la Luz", son esenciales para evitar el gran engaño que está siendo llevado a cabo sobre aquellos que profesan creer y seguir al Santo de Yisrael.

Este libro, y toda la seriedad los mismos, tiene la intención de que sea leído por todos los que están buscando la verdad. Dependiendo de su religión en particular, de sus tradiciones y costumbres, puede que usted encuentre parte de la información ofensiva, difícil de creer y contraria a las doctrinas y enseñanzas que usted ha leído o escuchado a través de su vida. Eso lo respetamos, y es perfectamente entendible, pero por favor sepa que toda esta información tiene la intención de criticar a alguien o a alguna fe, sino meramente de revelar la verdad.

Mas vale que la información contenida en este libro suscite algunas cosas, de otra manera, no habría razón alguna de escribirlo en primer lugar. La pregunta esencial es si los contenidos se alinean con las Escrituras y la voluntad del Creador. Mi meta es despojar las capas de la tradición que muchos de nosotros hemos heredado y llegar a la base de la fe que se describe en las Escrituras comúnmente llamada "La Biblia".

Este libro debería desafiar su pensamiento y sus creencias y con buena fortuna ayudarle en su búsqueda por la verdad. Mi oración para usted es la misma que la del Apóstol Pablo (Shaul) en su carta a la asamblea de Éfeso: *"[17] que el Padre de gloria, os dé espíritu de sabiduría y de revelación en el conocimiento de él, [18] alumbrando los ojos de vuestro entendimiento, para que sepáis cuál es la esperanza a que él os ha llamado, y cuáles las riquezas de la gloria de su herencia en los santos, [19] y cuál la supereminente grandeza de su poder para con nosotros los que creemos, según la operación del poder de su fuerza."* Efesios 1:17-19

I

En el Principio

El tema del Shabat generalmente es incomprendido por aquellos que están fuera del Judaísmo y como otros temas estudiados en la Series de Caminando en la Luz tales como Kosher, la "Ley" y los Tiempos Designados, ha sido tratado históricamente como algo exclusivamente "Judío" e inaplicable para los Cristianos. Esto se debe, en la mayoría de los casos, a la doctrina creada por el hombre del dispensacionalismo[1] la cual crea una línea de distinción brillante entre el "Antiguo Testamento" y el "Nuevo Testamento" y atribuye cosas en el "Antiguo Testamento" a los "Judíos" y cosas en el "Nuevo Testamento" a los Cristianos, como si hubieran mutuamente dos grupos exclusivos.

Esta es una doctrina falsa y muy divisoria que tristemente se ha impregnado mucho en el Cristianismo. Sin importar el hecho de que no tiene base Escritura, es promovida por muchos como la verdad y cambia la manera en que la gente lee y entiende las Escrituras. Una persona que ha sido adoctrinada en el dispensacionalismo será incapaz de apreciar la simplicidad de las Escrituras y los mandamientos, que se hacen complicados, torcidos, confusos y algunas veces incomprensibles cuando se miran a través de los lentes de esta teología pervertida.

Su propia teología puede que sea influenciada por enseñanza dispensacional sin que usted lo sepa. Es muy subversiva y ha sido usada por siglos para explicar la división que ha existido entre "Judíos" y Cristianos desde el inicio del Cristianismo. El caso del Shabat es interesante en especial porque no creo que haya un ejemplo más claro de un mandamiento que sea tan simple de entender y obedecer, y que fue obedecido por los primeros seguidores del Mesías. Desgraciadamente, el asunto del Shabat se ha distorsionado tanto por la teología Cristiana popular que aquellos Cristianos que en realidad se sienten obligados a obedecer el Cuarto Mandamiento y a honrar el Shabat son muy a menudo rechazados como "Guardadores del Shabat" o "sabatistas" y son clasificados típicamente como herejes o miembros de una secta.

A través de este libro se revelará que el Sábado, llamado de manera más exacta como Shabat (שבת) en Hebreo, es esencial para todos los que creen, y obedecen los mandamientos del Creador del Universo (YHWH)[2] como se revela en las Escrituras Hebreas y Cristianas. A lo largo de los siglos, la importancia del Shabat ha sido nublada y perdida por ciertos grupos debido a eventos históricos, doctrinas establecidas por religiones organizadas además de la mala traducción de ciertas porciones de las Escrituras que han sido torcidas para apoyar la noción de que el Shabat fue cambiado, abolido o estrictamente aplicable a aquellos de descendencia "Judía".

El Cristianismo y el Judaísmo profesan servir al mismo Dios (Elohim)[3] y ambas partes reverencian la Torá[4] como la Escritura, aunque no necesariamente usan los mismo nombres o lenguaje. La Torá fue escrita por Moisés (Mosheh)[5] y consiste en los cinco (5) primeros libros de la Escritura a saber: Génesis (Beresheet), Éxodo (Shemot), Levítico (Vayiqra), Números (Bemidbar) y Deuteronomio (Debarim). Tradicionalmente, la Torá está separada de las otras Escrituras y se mantiene en un rollo amplio aunque el Cristianismo lo tiene combinado dentro de un código con una colección de escritos colectivamente conocidos como "El Antiguo Testamento."[6]

Leemos en la Torá, que el día de Shabat fue bendecido y apartado desde el inicio de la creación. El séptimo día de la creación fue en realidad el primer Shabat. "*[2] Y acabó Dios en el día séptimo la obra que hizo; y reposó el día séptimo de toda la obra que hizo.[3] Y bendijo Dios al día séptimo, y lo santificó, porque en él reposó de toda la obra que había hecho en la creación.*" Bereshit 2:2-3.

La palabra hebrea para santificado en este verso es qadosh (קדש). Se traduce muy a menudo como "santo," pero más precisamente significa "apartar." Así que el Shabat es lo primero que las Escrituras registran que YHWH apartó y santificó y el primer Shabat fue en el séptimo día de la creación. Cada séptimo día de ese punto en adelante fue un día apartado llamado Shabat.

Durante la primera semana de la creación Elohim también dio tres bendiciones: Él bendijo las aves y las creaturas del mar en el quinto día, Él bendijo al hombre, a ambos, al hombre y a la mujer, en el sexto día; y Él bendijo el séptimo Día, el Shabat. Por lo tanto, no solo el Shabat fue apartado, sino que también fue bendecido y el Shabat existió desde el principio de la creación.

Adan sabía del Shabat, observó el Shabat e instruyó a su descendencia con respecto al Shabat. De hecho, debido a que el hombre fue creado en el sexto día entonces el séptimo día fue en realidad el primer día completo de la existencia del hombre. Él de seguramente aprendió de su Creador en lo que ambos tenían comunión y descansaban en el primer Shabat.

2

El Cuarto Mandamiento

El mandamiento principal con respecto al Shabat con el que la mayoría de gente está familiarizada es el Cuarto Mandamiento que se encuentra en los Diez Mandamientos. El Cuarto Mandamiento es el más largo de ellos y dice así: *"⁸ Acuérdate del día de reposo para santificarlo.⁹ Seis días trabajarás, y harás toda tu obra; ¹⁰ mas el séptimo día es Shabat para YHWH tu Dios; no hagas en él obra alguna, tú, ni tu hijo, ni tu hija, ni tu siervo, ni tu criada, ni tu bestia, ni tu extranjero que está dentro de tus puertas. ¹¹ Porque en seis días hizo YHWH los cielos y la tierra, el mar, y todas las cosas que en ellos hay, y reposó en el séptimo día; por tanto, YHWH bendijo el día de reposo y lo santificó."* Shemot 20:8-11. Note la última oración donde específicamente señala que YHWH bendijo este día y lo santificó. En ese aspecto el Shabat es diferente de cualquier otro día del ciclo de la semana.

El Cuarto Mandamiento, junto con todos los otros mandamientos fueron dados a Yisrael[7] poco después del Éxodo de Egipto (Mitsrayim)[8] y también fueron escritos por YHWH y luego por Mosheh en tablas de piedra. Yisrael consistía de una multitud mixta: descendientes de las Doce Tribus junto con los extranjeros y extraños que habían decidido seguir a YHWH saliendo de Mitsrayim

(Shemot 12:28). Los Diez Mandamientos fueron dados a toda esta multitud de Yisrael, porque Yisrael es el pueblo redimido de YHWH sin importar el origen étnico. Por consiguiente, todos debían de obedecer, no solo los individuos que descendían de las Doce Tribus. Esto está claramente demostrado en el pasaje que dice: *"Seis días trabajarás, pero el día séptimo descansarán tus bueyes y tus asnos, y recobrarán sus fuerzas los esclavos nacidos en casa y los extranjeros."* Shemot 23:12 NVI.

Este es un punto importante que debe de enfatizarse: Los mandamientos fueron dados a Yisrael porque ellos representan a los Escogidos de YHWH. Esta multitud mixta, la cual incluye a los descendientes físicos de Jacob (Ya'akov)[9] junto con los extranjeros, extraños y peregrinos que se unieron con las Tribus, era la comunidad de Yisrael. Ellos fueron los Redimidos de YHWH que fueron liberados de la esclavitud y les fue dada la libertad para obedecer a YHWH en Su Reino.

Si usted mira las Escrituras que describen como Yisrael estableció un campamento después del Éxodo, usted puede ver claramente que toda la multitud fue dividida según las Tribus y no había un campamento separado para los extranjeros y peregrinos. Todos encajaron dentro de las tribus de Yisrael y se esperaba que todos obedecieran los Mandamientos. Nada ha cambiado en este sentido y si usted es uno de los Redimidos, siendo usted un descendiente físico de Yisrael o un extranjero que se ha unido al Reino según las Buenas Nuevas del Mesías, entonces usted necesita obedecer los mandamientos incluyendo el mandamiento referente al Shabat.[10]

Yo pensaría que esa inclusión dentro de los Diez Mandamientos sería más que suficiente para obligar a todos los Cristianos a obedecer y observar el Shabat, pero desgraciadamente, ese no es el caso. A pesar del lenguaje claro e inequívoco de este mandamiento, a la mayoría de Cristianos se les ha enseñado a creer que el séptimo día Shabat es "Judío" e inaplicable para los Cristianos. Esta noción es simplemente falsa; el Shabat ha existido desde el inicio de los tiempos y continuará para siempre. El hecho de que el Cuarto Mandamiento empiece con "recuerden" indica que existió antes del Sinaí: antes de que los Diez Mandamientos fueran dados a la multitud mixta que salió de la tierra de Mitsrayim y veremos pronto que continuará en el futuro.

3

Un Día para Toda La Creación

Una vez un Rabino me dijo en Jerusalén que una persona no podía observar el Shabat hasta que se convirtiera a la religión del Judaísmo. Su declaración fue deficiente en muchos niveles, pero particularmente porque el Shabat existió desde el principio de la creación, mucho antes de que hubiera algún "Judío" o incluso una religión llamada Judaísmo. La noción de que alguien deba unirse a una organización religiosa creada por hombres para obedecer un mandamiento de YHWH está incorrecta. El Shabat no le pertenece a ningún hombre ni a ninguna religión y el Creador quiere que toda Su Creación observe su Shabat.

El hecho de que el Shabat estaba destinado a toda su creación está claramente respaldado por las Escrituras. El Cuarto Mandamiento específicamente declara: *"no hagas en él obra alguna, tú, ni tu hijo, ni tu hija, ni tu siervo, ni tu criada, ni tu bestia, ni tu extranjero que está dentro de tus puertas."* Shemot 20:10. El Shabat aplicaba a los Yisraelitas nativos así como también a los extranjeros que peregrinaron con ellos, conocidos como ger (גר) en Hebreo. En otras palabras, cualquiera que pretenda habitar con YHWH en Su Reino necesitaba observar el Shabat. Note que si el Shabat aplica a los animales, ciertamente aplicará aun mas a extraños y a extranjeros que son hombres y mujeres hechos originalmente *"a la imagen de Elohim."* (Bereshit 1:27).

Lea lo que un famoso comentario Cristiano tiene que decir sobre este aspecto. "La mención de que un extraño estuviera obligado a observar el Shabat es una prueba de que el mandamiento del Shabat no es meramente Judío, como frecuentemente se ha afirmado... La ley del Shabat fue constituida como un recordatorio de la creación: y por lo tanto, la razón aquí asignada debe de ser considerada como demostrando su obligación universal. No es una razón aplicable a ninguna edad, o para una clase de hombres más que para otra. Todas las clases de hombres están ligados a obedecer y a glorificar al Creador; y la observancia devota del Shabat es uno de los métodos señalados divinamente para ese fin."[12]

El profeta Isaías (Yeshayahu)[13] enfatiza este importante hecho cuando Él declara grandiosas bendiciones para: *"los hijos de los extranjeros que sigan a YHWH para servirle, y que amen el nombre de YHWH para ser Sus siervos; a todos los que guarden el Shabat para no profanarlo, y abracen Mi pacto."* Yeshayahu 56:6. En este texto la palabra usada para extranjero es nakar (נכר) que se refiere a alguien que fue ajeno a los caminos de YHWH, muy a menudo llamado pagano o gentil. Por lo tanto, cualquiera que es extranjero para YHWH que no sigue Sus mandamientos debe arrepentirse, y volverse a Él. Cuando lo haga, este se une a Él y esto implica guardar el Shabat y aferrarse a Su pacto. Sosténgase fuerte, o únase al pacto y no se suelte, incluso cuando otros le digan que usted no pertenece o que eso no le pertenece.

Yahushua[14], el Mesías Judío comúnmente llamado Jesús por los Cristianos, confirmó que el Shabat era para los Gentiles cuando Él limpió el Templo, también conocido como la Casa de YHWH[15]. El siguiente pasaje es probablemente uno de los textos más controversiales en las Escrituras Mesiánicas para los Cristianos porque parece muy inconsistente con el resto de los Evangelios. Vamos a mirar lo sucedido.

"[15] Vinieron, pues, a Jerusalén (Yahrushalayim); y entrando Yahushua en la Casa de YHWH, comenzó a echar fuera a los que vendían y compraban en la Casa de YHWH; y volcó las mesas de los cambistas, y las sillas de los que vendían palomas; [16] y no consentía que nadie atravesase la Casa de YHWH llevando utensilio alguno. [17] Y les enseñaba, diciendo: ¿No está escrito: Mi casa será llamada casa de oración para todas las naciones? Mas vosotros la habéis hecho cueva de ladrones." Marcos 11:15-17. El Evangelio según Juan (Yahonatan)[16] describe a Yahushua haciendo como un *"azote de cuerdas"* y echando fuera a los comerciantes. (Yahonatan 2:17).

La pregunta de muchas personas cuando leen este pasaje es usualmente: "¿Exactamente qué estaba pasando aquí?" Esto no suena como a Yahushua, El Siervo Sufriente (Yeshayahu 53:3) que se encuentra en el resto de los Evangelios. En realidad, Él nos estaba dando un vistazo del Rey Conquistador que gobierna con vara de hierro que veremos más a fondo durante Su segunda venida. (Salmos (Tehillim) 2:9; Apocalipsis 19:11-16). Sus acciones fueron completamente consistentes con el rol doble que Yahushua el Mesías[17] estaba destinado a cumplir.

Él también mostró qué tan celoso estaba por la Casa de YHWH. (Salmos (Tehillim) 69:9). Para entender el pasaje usted debe de darse cuenta que en el día había una costumbre que el pueblo usaba la Corte de los Gentiles, que era parte de la Casa de YHWH, como un atajo para transportar sus bienes que luego eran vendidos a precios excesivos. Muchos peregrinos viajaban una gran distancia y no eran capaces de traer físicamente sus ofrendas sacrificadas. Ellos las comprarían de los vendedores que estaban en una posición de imponer altos precios a los adoradores. Las Escrituras registran que todo esto se estaba llevando a cabo *"en la Casa de YHWH."* (Yahonatan 2:14) También, se especula por algunos que los cambistas y los comerciantes estaban vendiéndole a los Gentiles en Shabat porque se creía falsamente que el Shabat no aplicaba a los Gentiles, quienes se conocían como perros.

En ese día, los Gentiles eran tratados como inmundos y se les prohibía su adoración a YHWH. No se les permitía estar más allá de la Corte de los Gentiles bajo pena de muerte, como puede leerse en esta inscripción Griega que estaba localizada en la pared de hostilidad a la que se refiere Shaul (ver Efesios 2:14). En otras palabras, no se les permitía entrar en la Casa de YHWH en lo que los Yisraelitas nativos enviaban un mensaje rotundo de que ellos eran inferiores o no tan "especiales" como un Yisraelita nativo.

Incluso al día de hoy, los descendientes de los Fariseos, los Judíos Rabínicos, no ocultan el hecho de que el Muro Occidental en Yahrushalayim[18], conocido como el kotel, es su territorio y ellos pueden ser groseros con una persona que ellos no quieran que adore en su área. Este tipo de elitismo religioso está mal y no es respaldado por la Torá. Pareciera que una vez más, un muro está creando una partición entre lo que unos ven como una restauración de la Comunidad de Yisrael. Como resultado de ello, muchos Creyentes que no se suscriben al Judaísmo Rabínico pero desean adorar a YHWH están descubriendo otros lugares y están superando el problema del muro y se están yendo al Monte de Bais HaMikdash en un esfuerzo de acercarse al lugar donde la Casa de YHWH estuvo una vez establecida.

Podría ser que estemos presenciando la profecía hablada por Yaakov sobre Yoseph: " [22] *Rama fructífera es José, Rama fructífera junto a una fuente,* **Cuyos vástagos se extienden sobre el muro.** [23] *Le causaron amargura, Le asaetearon, Y le aborrecieron los arqueros;* [24] *Mas su arco se mantuvo poderoso, Y los brazos de sus manos se fortalecieron Por las manos del Fuerte de Jacob, Por el nombre del Pastor, la Roca de Yisrael...*" Bereshit 49:22-24 ¿Podría ser que el Mesías está fortaleciendo a Yoseph que ha sido dispersado por todo el mundo y ahora está extendiéndose sobre los muros para llegar a YHWH?

Claramente había, y permanece, una pared entre los descendientes genéticos de las Doce Tribus de Yisrael y los Gentiles Conversos. Desgraciadamente, esta división todavía existe en algunas Congregaciones Mesiánicas las cuales relegan a los "Gentiles Conversos" para asociar el estatus mientras que aquellos que pueden probar su descendencia de una de las Doce Tribus pueden convertirse en un miembro de pleno derecho. Algunos grupos ni siquiera permiten que se reúna una congregación a menos que ellos tengan 10 miembros que sean "Judíos."[19]

Esto es triste porque es exactamente la razón por la que el Mesías citó del profeta Yeshayahu mientras limpiaba la Casa de YHWH. Vamos a ver todo el texto del cual Él estaba citando.

¹ Así dijo YHWH: Guardad derecho, y haced justicia; porque cercana está Mi salvación para venir, y mi justicia para manifestarse. ² Bienaventurado el hombre que hace esto, y el hijo de hombre que lo abraza; que guarda el Shabat para no profanarlo, y que guarda su mano de hacer todo mal. ³ Y el extranjero (Gentil) que sigue a YHWH no hable diciendo: Me apartará totalmente YHWH de su pueblo. Ni diga el eunuco: He aquí yo soy árbol seco. ⁴ Porque así dijo YHWH: A los eunucos que guarden mis Shabats, y escojan lo que yo quiero, y abracen mi pacto, ⁵ yo les daré lugar en <u>Mi casa y dentro de Mis muros</u>, y nombre mejor que el de hijos e hijas; nombre perpetuo les daré, que nunca perecerá. ⁶ Y a los hijos de los extranjeros (Gentiles) que sigan a YHWH para servirle, y que amen el nombre de YHWH para ser sus siervos; a todos los que guarden el día de reposo para no profanarlo, y abracen mi pacto, ⁷ yo los llevaré a mi santo monte, y los recrearé en mi casa de oración; sus holocaustos y sus sacrificios serán aceptos sobre mi altar; porque mi casa será llamada casa de oración para todos los pueblos. Yeshayahu 56:1-7.

En otras palabras, Sus promesas, incluyendo el Shabat, son aplicables a todos los Gentiles *que lo siguen a Él* y son bienvenidos en Su Casa. Esto no significa convertirse al Judaísmo, Cristianismo o a ninguna otra religión organizada creada por el hombre. La palabra traducida como "seguir" en Hebreo es lawah (לוה) que significa "unirse, adherirse, mantenerse, permanecer". Por lo tanto usted no se une a una religión, usted se "une a" YHWH.

Al citar este pasaje durante la limpieza de la Casa de YHWH, Yahushua está haciendo este punto muy claro. Mientas que muchos "Judíos" observan el Shabat, no es un día "Judío", es un día separado que pertenece a YHWH, un día que ha sido bendecido y toda la creación es bienvenida a participar en la celebración del Shabat.

4
¿Algunos Piensan?

Algunos piensan que el Shabat es una fiesta solemne basándose en la siguiente Escritura. *"¹ Habló YHWH a Moisés, diciendo: ² Habla a los hijos de Israel y diles: Las fiestas solemnes de YHWH, las cuales proclamaréis como **santas convocaciones, serán estas:** ³ Seis días se trabajará, mas el séptimo día será Shabat, **santa convocación;** ningún trabajo haréis; es el **Shabat es de YHWH** en dondequiera que habitéis. ⁴ Estas son las fiestas solemnes de YHWH, las convocaciones santas, a las cuales convocaréis en sus tiempos."* Vayiqra 23:1-4.

Para aquellos que no están familiarizados con las fiestas solemnes, conocidas como moadi (מועדי) en Hebreo, son reuniones apartadas prescritas por YHWH. No son fiestas "Judías" como se enseña muy a menudo. Más bien, YHWH las llama Sus fiestas. Le pertenecen a Él y llamarlas "Judías" está incorrecto.

Muy a menudo el pueblo era convocado con trompetas de plata (Bemidbar 10:10) para celebrar ciertas reuniones, particularmente tiempos de regocijo que eran llamados fiestas. Estas reuniones o convocaciones, incluían la Fiesta de Pan Sin Levadura (Hag Hamatzah – Vayiqra 23:6-8), Pentecostés (Shavout – Vayiqra 23:15-21), el Día de Trompetas (Yom Teruah – Vayiqra 23:24-25), el

Día de Expiación (Yom Kippur – Vayiqra 23:27) y la Fiesta de Tabernáculos (Sukkot – Vayiqra 23:34-43).[20]

La palabra "convocación" viene de la palabra Hebrea miqra (מקרא). Es una asamblea apartada o una reunión: también puede significar un ensayo. Muy a menudo la palabra convocación aparece en las Escrituras, es precedida por "apartar". Por eso, una convocación apartada: qadosh micra (קדש מקרא).

Todas estas fiestas solemnes implican un elemento del Shabat e incluyen días que debían de ser tratados como Shabats. En otras palabras, usted tenía que descansar en esos días tal como lo haría en el Shabat. El Día de Expiación, llamado Yom Kippur es uno de esos días. *"[29] Y esto tendréis por estatuto perpetuo: En el mes séptimo, a los diez días del mes, afligiréis vuestras almas, y ninguna obra haréis, ni el natural ni el extranjero que mora entre vosotros. [30] Porque en este día se hará expiación por vosotros, y seréis limpios de todos vuestros pecados delante de YHWH. [31]* **Es un Shabat para vosotros, y afligiréis vuestras almas; es estatuto perpetuo.** *[32] Hará la expiación el sacerdote que fuere ungido y consagrado para ser sacerdote en lugar de su padre; y se vestirá las vestiduras de lino, las vestiduras sagradas. [33] Y hará la expiación por el santuario santo, y el tabernáculo de reunión; también hará expiación por el altar, por los sacerdotes y por todo el pueblo de la congregación. [34] Y esto tendréis como estatuto perpetuo, para hacer expiación una vez al año por todos los pecados de Israel. Y Moisés lo hizo como YHWH le mandó."* Vayiqra 16:29-34. En este día se nos ordena a ayunar como también a descansar.

Yom Teruah literalmente significa un día de soplar o de gritar. Viene de la palabra ruwa (רועה) que significa dividir los oídos con el sonido. *"²³ Y habló YHWH a Moisés, diciendo: ²⁴ Habla a los hijos de Israel y diles: En el mes séptimo, al primero del mes tendréis un Shabat, una conmemoración al son de trompetas, y una santa convocación. ²⁵ Ningún trabajo de siervos haréis; y ofreceréis ofrenda encendida a YHWH."* Vayiqra 23:23-25. Este día es conmemorado muy a menudo por el sonar de una trompeta o un cuerno de carnero, conocido como shofar (שופר). Es un ensayo de los soplos hablados por el Mesías, Shaul, y que son profetizados en la Revelación dada a Yahonathan.

El primer y último día de la fiesta de Sukkot son considerados días de Shabat. *"³⁹ Pero a los quince días del mes séptimo, cuando hayáis recogido el fruto de la tierra, haréis fiesta a YHWH por siete días;* **el primer día será un Shabat, y el octavo día será también un Shabat.**⁴⁰ *Y tomaréis el primer día ramas con fruto de árbol hermoso, ramas de palmeras, ramas de árboles frondosos, y sauces de los arroyos, y os regocijaréis delante de YHWH vuestro Elohim por siete días.* ⁴¹ *Y le haréis fiesta a YHWH por siete días cada año; será estatuto perpetuo por vuestras generaciones; en el mes séptimo la haréis".* Vayiqra 23:39-41.

Durante la Fiesta de Panes Sin Levadura hay dos días de descanso señalados por las Escrituras. *"⁵ En el mes primero, a los catorce del mes, entre las dos tardes, pascua es de YHWH.⁶ Y a los quince días de este mes es la fiesta solemne de los panes sin levadura a YHWH; siete días comeréis panes sin levadura. ⁷ El primer día tendréis santa convocación; ningún trabajo de siervos haréis. ⁸ Y ofreceréis a YHWH siete días ofrenda encendida; el séptimo día será santa convocación; ningún trabajo de siervo haréis."* Vayiqra 23:5-8

Shavuot también es un día de descanso. *"¹⁵ Y contaréis desde el día que sigue al día de Shabat, desde el día en que ofrecisteis la gavilla de la ofrenda mecida; siete semanas cumplidas serán. ¹⁶ Hasta el día siguiente del séptimo día de Shabat contaréis cincuenta días; entonces ofreceréis el nuevo grano a YHWH. ¹⁷ De vuestras habitaciones traeréis dos panes para ofrenda mecida, que serán de dos décimas de efa de flor de harina, cocidos con levadura, como primicias para YHWH. ¹⁸ Y ofreceréis con el pan siete corderos de un año, sin defecto, un becerro de la vacada, y dos carneros; serán holocausto a YHWH, con su ofrenda y sus libaciones, ofrenda encendida de olor grato para YHWH. ¹⁹ Ofreceréis además un macho cabrío por expiación, y dos corderos de un año en sacrificio de ofrenda de paz. ²⁰ Y el sacerdote los presentará como ofrenda mecida delante de YHWH, con el pan de las primicias y los dos corderos; serán cosa sagrada a YHWH para el sacerdote. ²¹ Y convocaréis en este mismo día santa convocación; ningún trabajo de siervos haréis; estatuto perpetuo en dondequiera que habitéis por vuestras generaciones."* Vayiqra 23:15-21.

Todas estas fiestas solemnes son simplemente citas que YHWH ha establecido para aquellos que lo aman y lo obedecen a Él. Si bien estas fiestas incorporan elementos del Shabat en ellas, no significa necesariamente que el Shabat es visto de la misma manera que en las fiestas.

Para enfatizar en este punto, vamos a mirar una vez mas la Escritura citada al principio de este capítulo. Note que Vayiqra 23:2 y 23:4 dicen virtualmente la misma cosa y en esencia precisan el pasaje del medio (Vayiqra 23:3) el cual nos instruye a observar el Shabat en el séptimo día. Esta señalización es una técnica común literal Hebrea llamada repetición continua que en esencia, excluye al Shabat como uno de los moadi. Aunque una simple lectura del texto pareciera declarar el Shabat como una moadi, una mirada más cercana revela que es separado y diferente de las fiestas. Esta interpretación es consistente con el hecho de que todas las fiestas son celebraciones orientadas a las cosechas, mientras que el Shabat es una convocación semanal. También, el tiempo de todas las moadim es contingente con el ciclo lunar y la llegada de la luna nueva el cual es muy diferente al fácilmente determinado ciclo del séptimo día de Shabat el cual ha continuado desde la creación. En otro texto que detalla las fiestas, el Shabat no está incluido (Devarim 16) el cual demuestra que son tiempos separados y distintos.

Por otra parte, en muchos otros pasajes, los moadim y los Shabats son mencionados de manera separada. Estos son algunos ejemplos:

- *³⁰ y para asistir cada mañana todos los días a dar gracias y tributar alabanzas a YHWH, y asimismo por la tarde; ³¹ y para ofrecer todos los holocaustos a YHWH **los días de Shabat, Lunas Nuevas y fiestas solemnes**, según su número y de acuerdo con su rito, continuamente delante de YHWH. I Crónicas (Dibre ha Yamin) 23:30-31.*

- *He aquí, yo tengo que edificar casa al nombre de YHWH mi Elohim, para consagrársela, para quemar incienso aromático delante de él, y para la colocación continua de los panes de la proposición, y para holocaustos a mañana y tarde, **en los días de reposo, nuevas lunas, y festividades** de YHWH nuestro*

Elohim; lo cual ha de ser perpetuo en Israel. 2 Crónicas (Dibre ha Yamin) 2:4

- *¹²* Entonces ofreció Salomón holocaustos a YHWH sobre el altar de YHWH que él había edificado delante del pórtico, *¹³* para que ofreciesen cada cosa en su día, conforme al mandamiento de Mosheh, **en los días de Shabat, en las nuevas lunas, y en las fiestas solemnes** tres veces en el año, esto es, en la fiesta de los panes sin levadura, en la fiesta de las semanas y en la fiesta de los tabernáculos. 2 Crónicas (Dibre ha Yamin) 8:12-13

- *²* Y arregló Ezequías la distribución de los sacerdotes y de los levitas conforme a sus turnos, cada uno según su oficio; los sacerdotes y los levitas para ofrecer el holocausto y las ofrendas de paz, para que ministrasen, para que diesen gracias y alabasen dentro de las puertas de los atrios de YHWH. *³* El rey contribuyó de su propia hacienda para los holocaustos a mañana y tarde, y para los holocaustos de los días **de Shabat, nuevas lunas y fiestas solemnes**, como está escrito en la ley de YHWH. 2 Crónicas (Dibre ha Yamin) 31:2-3

- *³²* Nos impusimos además por ley, el cargo de contribuir cada año con la tercera parte de un siclo para la obra de la Casa de nuestro Elohim;*³³* para el pan de la proposición y para la ofrenda continua, para el holocausto continuo, **los Shabats, las nuevas lunas, las festividades**, y para las cosas santificadas y los sacrificios de expiación por el pecado de Israel, y para todo el servicio de la Casa de nuestro Elohim. Nehemiyah 10:32-33

- *¹³ No me traigáis más vana ofrenda; el incienso me es abominación;* **luna nueva y Shabat,** *el convocar asambleas, no lo puedo sufrir; son iniquidad vuestras fiestas solemnes. ¹⁴ Vuestras lunas nuevas y vuestras fiestas solemnes las tiene aborrecidas mi alma; me son gravosas; cansado estoy de soportarlas.* Yeshayahu 1:13-14

- *²⁴ En los casos de pleito ellos estarán para juzgar; conforme a mis juicios juzgarán; y* **mis leyes y mis decretos guardarán en todas mis fiestas solemnes, y santificarán mis Shabat.** Yehezqel 44:24.

- YHWH *ha hecho olvidar las fiestas solemnes y los Shabats.* Lamentaciones 2:6

Note que tan seguido la fiesta de la Luna Nueva se menciona junto con el Shabat y las fiestas solemnes. La luna nueva, también conocida como Rosh Chodesh (ראש חדש), el inicio del mes es un evento importante porque nos mantiene sintonizados con el calendario del Creador. Desgraciadamente, la mayoría del mundo vive bajo un sistema de calendario solar que está orientado alrededor de la adoración al dios sol. Me complace ver que la gente está empezando a descubrir de nuevo el Rosh Chodesh junto con las fiestas solemnes y el Shabat.

Por lo tanto, mientras que el Shabat es una convocación muy importante que impregna todas las moadim, no es correcto ubicarlo en la misma categoría como una de las fiestas. Esto en ninguna manera disminuye la importancia del Shabat. De hecho, debido a la frecuencia y a la importancia tan profunda asociada con el Shabat en las

Escrituras, en mi opinión, esta clasificación resulta en su exaltación.

5

Una Señal

El Shabat es una señal. *"¹² Habló además YHWH a Moisés, diciendo:¹³ Tú hablarás a los hijos de Yisrael, diciendo: En verdad vosotros guardaréis mis Shabat; porque es señal entre mí y vosotros por vuestras generaciones, para que sepáis que yo soy YHWH que os santifico. ¹⁴ Así que guardaréis el Shabat, porque santo es a vosotros; el que lo profanare, de cierto morirá; porque cualquiera que hiciere obra alguna en él, aquella persona será cortada de en medio de su pueblo. ¹⁵ Seis días se trabajará, mas el día séptimo es Shabat consagrado a YHWH; cualquiera que trabaje en el Shabat, ciertamente morirá. ¹⁶ Guardarán, pues, el Shabat los hijos de Yisrael, celebrándolo por sus generaciones por pacto perpetuo. ¹⁷ Señal es para siempre entre mí y los hijos de Yisrael; porque en seis días hizo YHWH los cielos y la tierra, y en el séptimo día cesó y reposó.'"* Shemot 31:12-17.

"Y les di también mis Shabats, para que fuesen por señal entre mí y ellos, para que supiesen que yo soy YHWH que los santifico." Ezequiel (Yehezqel) 20:12. *"y santificad (apartad) mis Shabats, y sean por señal entre mí y vosotros, para que sepáis que yo soy YHWH vuestro Dios."* Ezequiel 20:20. Note que el Shabat es santo, que significa apartado, y se debe de mantener

apartado para YHWH. En otras palabras, es Su día y cualquiera que lo siga a Él lo observará como un día apartado. La acción de observarlo lo hace una señal o más bien una "marca distintiva" que aquellos que observan el día son apartados para YHWH. De hecho, la palabra hebrea que se traduce comúnmente como "señal" es owt (אות) que significa "una marca o una prueba."

La palabra utilizada para describir el Shabat como una señal es la misma palabra que fue usada para describir el arco iris (קשׁתי) como una señal del pacto hecha con Noé y toda la creación. También es la misma palabra para describir la circuncisión como la señal del pacto de Abraham que aplica a toda Su descendencia (Gálatas 3:29). El owt (אות) del arco iris y la circuncisión estaban destinadas a ser vistas y dar testimonio del pacto que fue establecido. Del mismo modo, el Shabat está destinado a ser una señal visible del pacto que YHWH hizo con Su Redimido.

Ahora puedo oír a los escépticos protestando de que el Shabat es una señal entre YHWH y los hijos de Yisrael, no de los Cristianos. Ese hecho es indiscutible pero lo importante que debemos recordar es que cuando el pacto fue establecido y el mandamiento fue dado, no existía tal cosa llamada, Cristianos.

Los hijos de Yisrael representaban la asamblea separada de YHWH en la Tierra en ese momento y el Shabat fue dado como una señal entre YHWH y los Yisraelitas por siempre (Shemot 31:17). La semántica es importante y es vital entender que el Shabat no es una señal exclusivamente entre YHWH y los adeptos al Judaísmo

Rabínico ni fue hecho con el Estado Moderno de Israel. Por el contrario, el Shabat es una señal entre YHWH e Yisrael, Su Novia que es la Asamblea Apartada de Creyentes que le aman y le obedecen.

Mucha gente confunde la Comunidad de Yisrael con el Judaísmo Rabínico o incluso con los descendientes genéticos de una de las Doce Tribus de Yisrael, lo cual es un error crítico. Un Yisraelita no es lo mismo que un adepto a la religión del Judaísmo, ni tampoco un Israelita es alguien con cierta secuencia genética. Un Yisraelita es un miembro de la Comunidad de Yisrael que es el Reino de YHWH muy a menudo mencionado en las Escrituras Mesiánicas como el Reino del Cielo o el Reino de Elohim.

Además de estas cuestiones semánticas, el Shabat existió antes de que existiera algún pueblo llamado Hebreos o Yisraelitas. El Shabat no está sujeto a ninguna dispensación y transciende toda aplicación a un grupo específico basado en genética, denominación o religión. Más bien, es una señal para cualquiera y para todos los que creen en las promesas del Creador y obedecen Sus mandamientos.

El Shabat actualmente no es una señal entre YHWH y la mayoría de Cristianos que poseen un problema porque la mayoría de Cristianos profesan servir al Elohim de Yisrael pero ellos no muestran la marca de Su pacto. Muchos creen que "La Iglesia" ha reemplazado a Yisrael, pero la pura verdad es que no hay dos clases o grupos de pueblos Redimidos, solo hay uno. No hay dos novias, solo una.

YHWH no tiene un plan de redención para los "Judíos" y un plan diferente de redención para "la Iglesia Cristiana." Él solo tiene Un Cuerpo, Una Asamblea Apartada, Un Yisrael.[21] No hay duda de que el Shabat existió antes del Sinaí y los patriarcas que siguieron a YHWH antes de convertirse en esclavos en Mitsrayim sin duda observaron el Shabat. Mucho del Cristianismo, a través de influencias dispensacionales, se ha separado de estos patriarcas de la fe, creyendo de forma equivocada que de alguna manera, la gracia ha abolido o ha cambiado la relación que YHWH tiene con aquellos que sirven y lo obedecen a Él. Si bien Él ha provisto una perfecta expiación a través de la sangre del Mesías, un método señalado por la Torá, Él aun espera que Sus seguidores le obedezcan a Él.

El Mesías no vino a abolir ninguna parte de la Torá o los Profetas, más bien Él vino a cumplirla con significado. (Mateo 5:17-20). Lo que se logró con Su muerte y resurrección no fue una abolición de Su Torá sino una demostración de Su misericordia al proveernos con el perdón y la limpieza que necesitábamos como el resultado de nuestra transgresión de la Torá. Fue el cumplimiento de la promesa de un pacto renovado con la Casa de Yisrael y la Casa de Yahudah donde Él pondría Su Torá en sus mentes y la escribiría en sus corazones.[22] Él ha hecho provisión para todos nosotros a través de Su pacto y si usted quiere ser parte del pacto, el cual provee redención, entonces más le vale que tenga la señal del pacto en su vida.

6

Un Pacto Eterno

Aparte de las doctrinas falsas del Dispensacionalismo y la Teología del Reemplazo, la religión Cristiana, excepto algunas denominaciones disidentes, está bajo la creencia errada de que el Shabat fue de alguna manera cambiado del séptimo día de la semana (Sábado) al primer día de la semana (Domingo). Esto es a pesar del hecho de que el Cuarto Mandamiento les manda a guardar el Shabat, el séptimo día, y no hay una pizca de autoridad en la Escritura que les indique que YHWH ha rescindido este mandamiento o lo haya alterado en alguna manera. De hecho, las Escrituras Mesiánicas y el Tanak están llenos de pasajes que confirman que el Shabat es un mandamiento perpetuo y eterno.

Las Escrituras describen el Shabat como más que una simple señal, **es un pacto.** *"⁶ Guardarán, pues, el día de reposo los hijos de Israel, celebrándolo por sus generaciones por pacto perpetuo. ¹⁷ Señal es para siempre entre mí y los hijos de Israel; porque en seis días hizo YHWH los cielos y la tierra, y en el séptimo día cesó y reposó."* Shemot 31:16-17. La palabra Hebrea para pacto es brit (ברית) y la palabra Hebrea para duradero y perpetuo es olam (עולם) y significa: "eternidad, por siempre, sin fin." El significado no podría ser más claro – El Shabat es un pacto que está aquí para quedarse.

Nuevamente, fue un pacto hecho con Yisrael porque ellos eran el pueblo que fue apartado para YHWH cuando el mandamiento fue dado. Ellos también eran una multitud mixta que consistía de muchas tribus y lenguas que todas estaban bajo la sombrilla de las Doce Tribus de Yisrael. Las Escrituras no datan de ningún pacto hecho con un grupo de personas llamadas Cristianos. De hecho, no hay ningún pacto en ninguna de las Escrituras hecho con los Cristianos y contrario a la creencia popular, el "Nuevo" pacto mediado por el Mesías no fue hecho con la Cristiandad o "La Iglesia" sino que con la Casa de Yisrael y la Casa de Yahuda (Yirmeyahu 31:31-34). Solamente había Yisraelitas en La Última Cena y el pacto que el Mesías estaba sellando en esa cena fue el pacto renovado o refrescado esperado por mucho tiempo a través de los Profetas Yisraelitas.

Este pacto es integral con el ministerio del Mesías como lo veremos más adelante en este debate. De hecho, las inferencias Mesiánicas en el pasaje de Shemot 31:16 son notables cuando se lee en el texto Hebreo. Vea como este texto aparece en Hebreo:

וְשָׁמְרוּ בְנֵי־יִשְׂרָאֵל אֶת־הַשַּׁבָּת לַעֲשׂוֹת אֶת־הַשַּׁבָּת לְדֹרֹתָם בְּרִית עוֹלָם׃

Note las dos palabras que están subrayadas. Se refieren al Alef-Tav (את). El Alef (א) es la primera letra del alfabeto Hebreo y Tav (ת) es la última letra del alfabeto Hebreo. No están traducidas en ninguna de las versiones en inglés de las Escrituras. No fueron necesariamente destinadas a ser traducidas en ningún otro idioma pero, en mi opinión, son destinadas a señalarle el Mesías al lector. Esto se hace evidente cuando usted se da cuenta que Yahushua se identificó a sí mismo como el Alef-Tav en el Libro de Apocalipsis en tres ocasiones diferentes (Apocalipsis 1:8, 21:6, 22:13).

Por supuesto, todas las traducciones en Inglés las cuales vinieron de manuscritos Griegos indican el "Alfa y la Omega" (AΩ), como si el Mesías Hebreo, hablándole a Su Discípulo Hebreo se describiera a sí mismo con un par de letras Griegas. Esto es un poco increíble y no tiene ninguna relevancia en la Escritura verdadera hasta que usted se da cuenta que el Alfa (A) es la primera letra en el alfabeto Griego y la Omega (Ω) es la última letra en el alfabeto Griego. Por lo tanto, Él no fue identificado a sí mismo como el AΩ sino que más bien como el את que se encuentra a lo largo de las Escrituras Hebreas. Armado con esta información, vemos al Mesías integrado dentro del pasaje concerniente al Shabat como un pacto perpetuo que refuerza la validez y la aplicación del Shabat para aquellos que creen en el "Nuevo" pacto.

Muchos están confundidos porque creen que el "Nuevo" pacto debió haber reemplazado o abolido el "Antiguo" pacto que habría a su vez, abolido el Shabat. Este es otro ejemplo de cómo la semántica puede conducir a una falsa doctrina. El "Nuevo" pacto descrito en las Escrituras Mesiánicas fue un cumplimiento de la profecía y un refrescamiento del pacto anterior hecho con Yisrael. En vez de la sangre de toros y machos cabríos, YHWH proveyó al Mesías, un sacrificio perfecto, quien efectuó la expiación tan esperada por las transgresiones del ser humano. Este cumplimiento no destruyó ninguno de los pactos ni las señales de los pactos.

Es un poco absurdo pensar que YHWH pasaría tanto tiempo enseñando a Su Elegido a como vivir vidas apartadas solo para desecharlo todo y cambiar Sus instrucciones. Después de todo, eso es lo que la Torá es, un conjunto de instrucciones que nos enseñan a como relacionarnos con YHWH y con nuestros semejantes. Nada de esto ha cambiado y YHWH no ha cambiado de parecer con respecto a estas cosas simplemente porque Yisrael las transgredió. Él no cambia (Malaquías 3:6), más bien El hizo una provisión para nosotros a través del Mesías y Él nos ha dado Su Espíritu (Ruach) que nos da poder para obedecer.

Yahushua mismo confirmó a través de Sus enseñanzas que el Shabat permanecía como una señal para los Creyentes. En las Buenas Noticias según Mateo (Mattityahu)[23] Yahushua fue citado por haber instruido a Sus seguidores a *"Orad, pues, que vuestra huida no sea en invierno ni en el Shabat."* Mattityahu 24:20. En este pasaje en particular Él se estaba refiriendo al final de los días, un tiempo que aun está por venir.

Él instruye a Sus seguidores a orar para que su huida no sea en Shabat. Esto debe seguramente significar que el Shabat estará todavía por aquí durante la Tribulación y Yahushua estará esperando que Sus seguidores estén guardando el Shabat en ese momento el cual continuará siendo una señal. Una persona no puede huir si se supone que debe estar descansando, es por eso que tenemos que orar para que nuestra huida no sea en Shabat, de manera que no vayamos a romper este mandamiento.[24]

Al Profeta Yehezqel le fue dada una visión de una Beit HaMikdash comúnmente llamado el Tercer Templo. Durante la visión a él se le dieron instrucciones con respecto al servicio y los sacrificios. A él se le informó que la puerta del patio interior tenía que abrirse en el día de Shabat y unas ofrendas específicas tenían que ser hechas en el día de Shabat (Yehezqel 46). En caso de que usted no se diera cuenta, esa profecía no se ha cumplido. Es un evento futuro que anticipamos ansiosamente. Cuando suceda, el Shabat será honrado y observado.

El Profeta Yeshayahu también habla de un tiempo futuro cuando haya un cielo nuevo y una tierra nueva y vemos que ese tiempo aun es calculado de Shabat a Shabat. *"²² Porque como los cielos nuevos y la nueva tierra que yo hago permanecerán delante de mí, dice YHWH, así permanecerá vuestra descendencia y vuestro nombre. ²³ Y de mes en mes, y de Shabat en Shabat, vendrán todos a adorar delante de mí, dijo YHWH. ²⁴ Y saldrán, y verán los cadáveres de los hombres que se rebelaron contra mí; porque su gusano nunca morirá, ni su fuego se apagará, y serán abominables a todo hombre."* Yeshayahu 66:22-24.

Este pasaje está muy claro. El Shabat continuará hasta el final de los tiempos. Nunca fue abolido y aquellos que creen en YHWH, deberían de estar observando ahora Su Shabat. No es difícil guardar los mandamientos y el siguiente capítulo hablará de lo que significa guardar el Shabat.

7

Guardando el Shabat

El Shabat empieza después de la puesta del sol en lo que comúnmente nos referimos a la noche del viernes: más exactamente llamado erev (ערב) Shabat. Este continúa hasta la siguiente puesta del sol.[25] El Judaísmo ha desarrollado tradiciones significativas alrededor del Shabat. La mayoría de Judíos practicantes prepararán una linda cena y encenderán dos candelas antes de la puesta del sol. Hay varias oraciones escritas que son dichas a través de la noche, a la mañana siguiente y al final del Shabat. Si bien algunas de estas tradiciones pudieran ser útiles y pudieran ayudar al Creyente en reconocer la importancia del Shabat, ellas son rara vez, si acaso, ordenadas por las Escrituras.[26]

En verdad, hay muy pocos mandamientos existentes con respecto al Shabat que se encuentran en las Escrituras. Ya hemos leído algunos de los pasajes prominentes incluyendo el Cuarto Mandamiento, pero aquí hay otros que recapitulan lo esencial: *"[1] Moisés convocó a toda la congregación de los hijos de Israel y les dijo: Estas son las cosas que YHWH ha mandado que sean hechas:* [2] *Seis días se trabajará, mas el día séptimo os será santo, Shabat de reposo para YHWH; cualquiera que en él hiciere trabajo alguno, morirá.* [3] *No encenderéis fuego en ninguna de vuestras moradas en el día de Shabat."* Shemot 35:1-3

La prohibición en contra del trabajo es bastante sencilla. El trabajo incluye generalmente cualquier actividad que tiene por objeto hacer dinero o que requiere esfuerzo físico o mental no relacionado con YHWH. No hay una lista maestra de actividades prohibidas y si usted está tratando de compilar una, se está perdiendo del punto que es simplemente: descansar y tener comunión con YHWH. Por lo tanto, cada persona debe de orar considerando su obediencia a este mandamiento.

La prohibición en contra de encender un fuego estaba directamente relacionada con cocinar; una tarea que implicaba recoger madera, preparar un fuego, preparar la comida, cocinar la comida y limpiar después. Si las mujeres tenían que preparar comidas en el Shabat entonces, ellas no serían capaces de descansar. Esta es la razón por la que YHWH instruyó a los hijos de Yisrael a recoger el doble de maná en el sexto día para que tuvieran suficiente para el Shabat, evitando así la necesidad de cocinar.

*²¹ Y lo recogían cada mañana, cada uno según lo que había de comer; y luego que el sol calentaba, se derretía. ²² En el sexto día recogieron doble porción de comida, dos gomeres para cada uno; y todos los príncipes de la congregación vinieron y se lo hicieron saber a Moisés. ²³ Y él les dijo: Esto es lo que ha dicho YHWH: **Mañana es el santo Shabat, el reposo consagrado a YHWH**; lo que habéis de cocer, cocedlo hoy, y lo que habéis de cocinar, cocinadlo; y todo lo que os sobrare, guardadlo para mañana. ²⁴ Y ellos lo guardaron hasta la*

mañana, según lo que Moisés había mandado, y no se agusanó, ni hedió. ²⁵ Y dijo Moisés: Comedlo hoy, porque hoy es día de reposo para YHWH; hoy no hallaréis en el campo. ²⁶ **Seis días lo recogeréis; mas el séptimo día es Shabat; en él no se hallará.** ²⁷ Y aconteció que algunos del pueblo salieron en el séptimo día a recoger, y no hallaron. ²⁸ Y YHWH dijo a Moisés: ¿Hasta cuándo no querréis guardar mis mandamientos y mis leyes? ²⁹ Mirad que YHWH os dio el día de reposo, y por eso en el sexto día os da pan para dos días. **Estése, pues, cada uno en su lugar, y nadie salga de él en el séptimo día.** ³⁰ **Así el pueblo reposó el séptimo día.**
Shemot 16:21-30

Usando ese pasaje como un ejemplo, si usted es un hijo de Elohim, debería de recoger comprar y cocinar su comida antes de tiempo para que usted pueda descansar en el Shabat. Una de las lecciones que debemos de aprender de observar el Shabat y todas las Fiestas Solemnes es la preparación. Si no nos podemos preparar para un día, como nos prepararíamos para la Tribulación o la eternidad para este asunto.²⁷

El Shabat no solamente es un día de abstenerse de cocinar sino de toda labor incluyendo nuestros trabajos, lavar nuestros carros, cortar nuestros céspedes, etc. Es un buen tiempo para evitar cosas que son comunes, para recordar que es un día especial. Es apartado y entonces necesitamos tratarlo como apartado. De este modo, una persona está indicando que YHWH es más importante que cualquier otra cosa en su vida. Al mismo tiempo, está recibiendo una bendición de su amado Creador. Es una oportunidad maravillosa para que una familia se relaje y pase tiempo de calidad juntos en esta sociedad acelerada y muy a menuda caótica en la que vivimos.

Comprar y vender es algo que no es placentero para YHWH porque significa que hay negocios que están siendo objeto de transacciones cuando se supone que la gente debe de estar descansando. Se puede comprar en los otros seis días pero el Shabat es de Él. Un ejemplo de esto se aborda en el Libro (Sefer)[28] de Nehemías (Nehemyah).[29]

*[15] En aquellos días vi en Judá (Yahudah) a algunos que pisaban en lagares en el Shabat, y que acarreaban haces, y cargaban asnos con vino, y también de uvas, de higos y toda suerte de carga, y que traían a Yahrushalayim en Shabat; y los amonesté acerca del día en que vendían las provisiones. [16] También había en la ciudad tirios que traían pescado y toda mercadería, y vendían en Shabat a los hijos de Yahudah en Yahrushalayim. [17] Y reprendí a los señores de Yahudah y les dije: ¿Qué mala cosa es esta que vosotros hacéis, profanando así el Shabat? [18] ¿No hicieron así vuestros padres, y trajo nuestro Elohim todo este mal sobre nosotros y sobre esta ciudad? ¿Y vosotros añadís ira sobre Yisrael profanando el Shabat? [19] Sucedió, pues, que cuando iba oscureciendo a las puertas de Yahrushalayim antes del Shabat, **dije que se cerrasen las puertas, y ordené que no las abriesen hasta después del Shabat; y puse a las puertas algunos de mis criados, para que en Shabat no introdujeran carga.** [20] Y se quedaron fuera de Yahrushalayim una y dos veces los negociantes y los que vendían toda especie de mercancía. [21] Y les amonesté y les dije: ¿Por qué os quedáis vosotros delante del muro? Si lo hacéis otra vez, os echaré mano. Desde entonces no vinieron en Shabat. [22] Y dije a los levitas que se purificasen y viniesen a guardar las puertas,*

para santificar el Shabat. También por esto acuérdate de mí, Elohim mío, y perdóname según la grandeza de Tu misericordia. Nehemyah 15:15-22 (numeración original 13:15-22).

Hay varias cosas que están pasando en este pasaje. Primero, está claro que el Reino de Yahudah fue enviado al exilio de Babilonia debido al hecho de que ellos profanaron el Shabat. Segundo, los Hijos de Yahudah estaban pisando prensas de uvas y trayendo gavillas, vinos, uvas e higos junto con otras cargas, a Yahrushalayim en el Shabat. Suena como que esto está sucediendo durante la cosecha la cual ocurriría alrededor de la Fiesta de Sukkot.[30] A pesar de que es un tiempo de cosecha, a usted no le es permitido trabajar en el Shabat.

Por otra parte, miramos hombres de Tsor, también conocido como Tiro, que vinieron de Fenicia que era en gran medida una comunidad pesquera pero eran bien conocidos por ser grandes comerciantes. Estoy seguro de que vinieron a Yahrushalayim con muchos productos maravillosos para vender y para ellos el Shabat no era diferente de ningún otro día. Lamentablemente, parece que la presencia de ellos en la ciudad era una distracción para los Yisraelitas y tal vez la tentación era muy grande para que ellos la ignoraran. Ellos terminaron comprando productos de los comerciantes que no solo resultaron en los hombres de Tsor profanando el Shabat al estar trabajando, sino que los Yisraelitas también perdieron la visión del propósito y significado del Shabat.

Así que pareciera entonces que comprar y vender da como resultado la profanación del Shabat de YHWH, un día que Él quiere que recordemos y lo mantengamos apartado. El ir a restaurantes, centros comerciales y supermercados no es la manera de mantener apartado el Shabat porque usted no está descansando en su morada o apartando ese tiempo para YHWH. Si usted está haciendo lo que usted quiere hacer, en vez de lo que Él quiere que usted haga en Su día, usted probablemente se está perdiendo el punto y la bendición.

YHWH también ordenó descanso para la Tierra de Yisrael propiamente referida como Eretz Yisrael. *"¹ YHWH habló a Mosheh en el monte de Sinaí, diciendo: ² Habla a los hijos de Yisrael y diles: Cuando hayáis entrado en la tierra que yo os doy, la tierra guardará Shabat para YHWH. ³ Seis años sembrarás tu tierra, y seis años podarás tu viña y recogerás sus frutos.* **⁴ Pero el séptimo año la tierra tendrá Shabat, reposo para YHWH; no sembrarás tu tierra, ni podarás tu viña.** *⁵ Lo que de suyo naciere en tu tierra segada, no lo segarás, y las uvas de tu viñedo no vendimiarás; año de reposo será para la tierra. ⁶ Mas el Shabat de la tierra te dará para comer a ti, a tu siervo, a tu sierva, a tu criado, y a tu extranjero que morare contigo; ⁷ y a tu animal, y a la bestia que hubiere en tu tierra, será todo el fruto de ella para comer."* Vayiqra 25:1-7.

Cuando los hijos de Yisrael entraron a la tierra prometida, se suponía que tenía que ser apartada para YHWH a través de la observancia de un Shabat. Así como los habitantes de la nación, incluyendo los animales, tenían que descansar cada séptimo día de cada semana, así también la tierra que ellos habitaban tenía que descansar cada siete años. Por seis años ellos tenían que sembrar el campo y cortar la viña, es decir, cultivar los maizales, las viñas, y los olivares (Shemot 23:10) y recoger su fruto; pero en el séptimo año la tierra tenía que guardar un Shabat de descanso (Shemot 23:11), un Shabat consagrado a YHWH, y en este año la tierra no tenía que ser labrada ni cosechada.

Fracasaron para darle descanso a la tierra, lo cual dio lugar al exilio de Yisrael de la tierra (2 Crónicas (Dibre Hayamin) 36:20-21). De una manera u otra, la Palabra de YHWH se cumplirá. Si no obedecemos voluntariamente entonces YHWH llevará a cabo su voluntad. Él específicamente le dijo a los Yisraelitas que si ellos no obedecían entonces Él los esparciría para que así la tierra disfrutará de su descanso de Shabat (Vayiqra 26:33-35). Yisrael ha experimentado esta verdad muchas veces a través de la historia y todos debemos de aprender de esos errores, a no repetirlos.

Por desgracia, el Estado Moderno de Yisrael no le está dando actualmente a la tierra un descanso Sabático. Desde el inicio del Estado en 1948, no tengo conocimiento de un ciclo de siete años que se le haya dado descanso a la tierra. A pesar de la creación milagrosa del Estado moderno, el país no es una sociedad observante de la Torá. Esto tiene a mucha gente perpleja en cuanto a qué rol tiene el Estado Moderno de Israel en la Redención de Yisrael. Imagínese que testigo y que testimonio serían para ellos darle a la tierra su descanso Sabático y a cambio de eso, experimentar las bendiciones prometidas de YHWH. Esto significaría que en el sexto año la tierra produciría una enorme gratitud, lo suficientemente grande para proveer en el año Sabático y en el año siguiente hasta el tiempo de la cosecha. Este es un aspecto del Shabat que muy a menudo se pasa por alto el cual ha resultado en consecuencias nefastas cuando fue destinado a proporcionar bendiciones increíbles.

El descanso para la tierra muestra la aplicación universal del Shabat. Un día, cuando el planeta esté bajo la autoridad y el dominio del Mesías, sospecho que toda la tierra observará un muy necesario descanso Sabático y buscarán al Mesías para que los guíe en como observar el Shabat. El punto de este libro no es decirle como guardar el Shabat, eso sería un error. El propósito verdadero de este libro es examinar la importancia del Shabat y a motivar a todos a observar el Shabat.

8

El Mesías y el Shabat

El Shabat es claramente un día especial que se demuestra por el hecho de que Yahushua resucitó en un Shabat, no en un Domingo de Resurrección que es y siempre ha sido un día de celebraciones paganas. [31] Yahushua también pasó una gran parte del tiempo antes de Su resurrección y ascensión enseñando en el tema del Shabat. Debido a que esto es un asunto tan importante para el Padre, Yahushua pasó mucho tiempo distinguiendo entre las tradiciones de los hombres y la observancia propia del Shabat. Él nunca enseñó que nosotros no debíamos de obedecer el Shabat, ni nunca indicó que Él iba a cambiar el Shabat. De hecho, Él siempre observó el Shabat, simplemente no en la manera en que los Fariseos pensaban que Él lo haría.

Para entender las enseñanzas de Yahushua en este tema, es importante recordar el propósito del Shabat. Es un día apartado, un día de descanso y principalmente de refrescamiento; físicamente y espiritualmente. Esto no significa específicamente que el Shabat es el día para congregarse fuera de su casa como los Católicos y los Cristianos asisten en el Domingo. Tradicionalmente, los Yisraelitas que vivían en Yahrushalayim, iban a la Casa de YHWH mientras que los que estaban afuera de Yahrushalayim, se reunían en lo que comúnmente se le llama una "Sinagoga."³²

El acto de hacer asamblea es ciertamente apropiado, aunque no hay nada de malo con que una familia se quede en casa, descansando, congregándose, adorando y estudiando sin que vayan a ningún otro lugar. Cuando se toman horas para alistarse usted y su familia y luego ir y venir de la asamblea, a usted probablemente se le puede olvidar descansar. Lo principal es asegurarse de que usted descanse y de que su enfoque es YHWH.

No hay nada de malo con congregarse cualquier día, siempre y cuando usted guarde propiamente el Shabat en el día correcto, el séptimo día. El Mesías siempre observó el Shabat y, *"y en el Shabat entró en la sinagoga, conforme a su costumbre, y se levantó a leer."* Lucas 4:16. Él sanó en el Shabat (Lucas 13:14), Él enseñó en el Shabat (Marcos 1:21) y Él dio instrucción en como observar apropiadamente el Shabat. (Mattityahu 12; Lucas 6).

Él muy a menudo se metió en controversias con los Fariseos con respecto a este asunto porque este es un tema especialmente importante para el Mesías. Para una mayor comprensión vamos a ver algunas Escrituras adicionales que detallan a Yahushua y Su trato del Shabat. *"¹ Aconteció en un Shabat, que pasando Yahushua por los sembrados, sus discípulos arrancaban espigas y comían, restregándolas con las manos. ² Y algunos de los fariseos les dijeron: ¿Por qué hacéis lo que no es lícito hacer en los Shabat? ³ Respondiendo Jesús, les dijo: ¿Ni aun esto habéis leído, lo que hizo David (Dawid) cuando tuvo hambre él, y los que con él estaban; ⁴ cómo entró en la casa de YHWH, y tomó los panes de la proposición, de los cuales no es lícito comer sino sólo*

a los sacerdotes, y comió, y dio también a los que estaban con él?
⁵ Y les decía: El Hijo del Hombre es el Maestro aun del Shabat." Lucas 6:1-5.

Los Discípulos no estaban quebrantando la Torá al arrancar espigas para comerlas, pero sus acciones estaban prohibidas de acuerdo a la tradición Farisaica. Los Fariseos estaban tan atrapados en sus propias tradiciones hechas por hombre, costumbres e interpretaciones que llegaron a estar más preocupados de sus propias reglas que con la Torá. Ahora vemos el mismo error siendo perpetuado a través del Judaísmo Rabínico y ese fue el punto subyacente en la mayoría de las disputas entre Yahushua y los Fariseos.

Otra parte interesante de este pasaje es cuando Yahushua se refiere a sí mismo como el "Amo del Shabat" que algunas traducciones interpretan como el "Señor del Shabat."[33] Es importante determinar lo que Él quiere decir con "Amo del Shabat" porque por alguna razón he oído a muchos Cristianos citar esta Escritura para apoyar la noción de que el Shabat fue cambiado al Domingo. Por encima, no veo nada que le de apoyo a ese argumento. La única conexión que puedo ver es que los Cristianos que creyeron incorrectamente que Yahushua resucitó en el día del Sol o "El Día del Señor" creen que el título de "Señor del Shabat" o "Amo del Shabat" debe de alguna manera significar que el "nuevo" Shabat Cristiano es Domingo. Esto es extremadamente complicado y es lógica deficiente y no está respaldado por el texto.

Al decir que es el "Amo del Shabat" Yahushua está en realidad reconociendo y confirmando la relevancia perpetua del Shabat. Si el Shabat no fuera importante o estuviera abolido entonces Él hubiera estado declarando ser el "Amo de la Nada." Esto obviamente no fue su intención, más bien Yahushua estaba declarando que Él es el Único que determina lo que es apropiado o inapropiado hacer en el Shabat. Al llamarse a sí mismo "Amo del Shabat," Él está proclamando su autoridad porque este día pertenece a YHWH. Si Él tiene el poder para controlar el Shabat entonces Él es soberano. Por lo tanto, Yahushua al llamarse "Amo del Shabat" no tiene nada que ver con el establecimiento de la adoración del Domingo y tiene todo que ver con el hecho de que Él es Rey.

La mayoría de eruditos de la fe estarán de acuerdo que la Tierra tiene aproximadamente 6,000 años. Los Creyentes anticipan que el Mesías viene pronto y cuando lo haga, Él establecerá Su reino "en la Tierra así como en el Cielo." Esto es conocido como el reinado del milenio y será el milenio Sabático. El Apóstol Pedro (Kefa)[34] declaró: *"Mas, oh amados, no ignoréis esto: que para con YHWH un día es como mil años, y mil años como un día."* 2 Kefa 3:8. Esta es otra razón por la que Yahushua es el Maestro del Shabat. Él nació durante el mes Sabatico,[35] Él resucitó en el día de Shabat, Él regresará durante el mes Sabático[36] y Él reinará en el milenio Sabático.[37]

Las enseñanzas de Yahushua con respecto al Shabat estaban destinadas a demostrar el propósito real del Shabat y a echar abajo los impedimentos que fueron agregados a este mandamiento en particular por los hombres. Como vemos a través del ministerio de Yahushua, los hombres – particularmente los líderes religiosos de la época – eran buenos en apariencias. Para mostrar que tan piadosos eran, ellos muy a menudo le agregaban a la Torá.

En un esfuerzo por no violar ninguno de los mandamientos, ellos "construyeron una cerca" alrededor de la Torá, que significa que ellos desarrollaron un nuevo conjunto de regulaciones destinadas a mantener al pueblo lejos de quebrantar cualquiera de los mandamientos.

Si bien esto puede parecer un noble empeño, en realidad es una presuntuosa y clara violación de la Torá cuando se trata de agregarle a la Torá, que a menudo es lo que ocurre. Como resultado, los hombres empiezan a aprender, a estudiar y a obedecer las regulaciones hechas por el hombre que luego disminuyen y sustituyen las instrucciones claras que se haya dentro de la misma Torá.

Para el tiempo que Yahushua caminó en la Tierra en la carne, los hombres habían establecido cientos de reglas con respecto al Shabat mientras la Torá solo había suministrado unas pocas. El Shabat es un buen ejemplo de cómo los líderes religiosos pusieron cargas pesadas sobre los hijos de Yisrael y reemplazaron la libertad de la obediencia simple, con reglas hechas por el hombre que los llevaron a la esclavitud. Hoy, el Judaísmo Rabínico tiene más de 1,500 regulaciones alrededor del Shabat. Lo que pretendía ser una valla de protección se ha convertido en una barrera aparentemente infranqueable.

Esto es lo que Yahushua declaró con respecto a esta práctica. *"[46] Y él dijo: ¡¡Ay de vosotros también, intérpretes de la ley! porque cargáis a los hombres con cargas que no pueden llevar, pero vosotros ni aun con un dedo las tocáis. [47] ¡¡Ay de vosotros, que edificáis los sepulcros de los profetas a quienes mataron vuestros padres!* **⁴⁸** *De modo que sois testigos y consentidores de los hechos de vuestros padres; porque a la verdad ellos los mataron, y vosotros edificáis sus sepulcros.* **⁴⁹** *Por eso la sabiduría de Dios también dijo: Les enviaré profetas y apóstoles; y de ellos, a unos matarán y a otros perseguirán,* **⁵⁰** *para que se demande de esta generación la sangre de todos los profetas que se ha derramado desde la fundación del mundo,* **⁵¹** *desde la sangre de Abel hasta la sangre de Zacarías, que murió entre el altar y el templo; sí, os digo que será demandada de esta generación.* **⁵²** *¡¡Ay de vosotros, intérpretes de la ley! porque habéis quitado la llave de la ciencia; vosotros mismos no entrasteis, y a los que entraban se lo impedisteis."* Lucas 11:46-52.

Un profeta generalmente venía a advertir y a llevar al pueblo de vuelta a YHWH. Ellos muy a menudo señalaban el error de los caminos del pueblo que usualmente tenían sus raíces en el liderazgo. Si el pueblo se arrepentía, YHWH por lo general los restauraría, aunque Su perfecta justicia requiriera castigo. Muchas veces, los líderes que se habían establecido a sí mismos a través del engaño y la falsedad, dependían de esas mentiras para preservar y mantener su poder. El arrepentimiento significaría una restauración de la verdad y una pérdida de la posición, del prestigio, la riqueza, etc. Muchas veces, ellos simplemente matarían al profeta en un intento de callarlo. Ellos no quisieron cambiar; les gustaban las cosas tal y como eran.

Por lo tanto, Yahushua estuvo declarando que los líderes religiosos y sus padres habían sido advertidos. Sus padres mataron a los profetas y los líderes de esa época estuvieron reafirmando esas acciones al construir sus tumbas. Ninguno tuvo un deseo de conocer la verdad. En vez de seguir la Torá, que se aplicaba por igual a los hombres, ellos prefirieron crear e imponer sus propias reglas lo cual los facultó y les permitió ejercer autoridad sobre otros. En vez de llevar al pueblo a YHWH, los estuvieron aplastando con sus tradiciones que se tornaron en una perversión de la verdad.

Un claro ejemplo de este conflicto entre los mandamientos de los hombres y los mandamientos de YHWH se puede mirar cuando Yahushua sanó al inválido en el Shabat. *"⁸ Yahushua le dijo: Levántate, toma tu lecho, y anda. ⁹ Y al instante aquel hombre fue sanado, y tomó su lecho, y anduvo. Y era Shabat aquel día. **¹⁰ Entonces los judíos dijeron a aquel que había sido sanado: Es Shabat; no te es lícito llevar tu lecho.** ¹¹ El les respondió: El que me sanó, él mismo me dijo: Toma tu lecho y anda."* Juan 5:8-11. Yahushua sanó a un hombre y específicamente le dijo que tomara su lecho y que caminara. La Torá no le prohíbe a una persona tomar su lecho y caminar, especialmente cuando ha sido sanada milagrosamente por el Mesías. Solamente la tradición de hombres podría quizás prohibir tal cosa.

Las cosas se habían puesto tan mal que los Escribas y Fariseos incluso argumentaban que era ilícito sanar en el Shabat. *"⁶ Aconteció también en otro Shabat, que él entró en la sinagoga y enseñaba; y estaba allí un hombre que tenía seca la mano derecha. ⁷ Y le acechaban los escribas y los fariseos, para ver si en el Shabat lo sanaría, a fin de hallar de qué acusarle. ⁸ Mas él conocía los pensamientos de ellos; y dijo al hombre que tenía la mano seca: Levántate, y ponte en medio. Y él, levantándose, se puso en pie. ⁹ Entonces Yahushua les dijo: Os preguntaré una cosa: ¿Es lícito en Shabat hacer bien, o ha-*

cer mal? ¿salvar la vida, o quitarla? *¹⁰ Y mirándolos a todos alrededor, dijo al hombre: Extiende tu mano. Y él lo hizo así, y su mano fue restaurada. ¹¹ Y ellos se llenaron de furor, y hablaban entre sí qué podrían hacer contra Yahushua."* Lucas 6:6-11.

¡Imagínese eso! Los líderes religiosos estaban tan ciegos a causa de su propia mentalidad legalista enfermiza, que fracasaron en reconocer o apreciar los milagros que estaban ocurriendo delante de sus ojos. Más bien, estaban condenando al Mesías por sanar en este día especial. Yahushua seguramente debió haber estado afligido cuando fue confrontado por esas actitudes, especialmente porque estos eran los que enseñaban a Su pueblo. El Shabat que YHWH creó para bien estaba destinado a ser un mandamiento fácil de llevar para Su pueblo (Mattityahu 11:30). Por desgracia, se había tornado en un carga pesada alrededor del cuello de los hombres por los líderes religiosos (Hechos 15:10). El Shabat fue destinado a dar un descanso necesario y un refrescamiento a la creación de YHWH y que mejor tiempo para sanar a Su pueblo que este día bendito, apartado.

Pareciera totalmente ridículo que cualquiera pensara que YHWH prohibiera sanar en el Shabat. La razón por la que esto es tan extraño es porque todas las sanidades verdaderas vienen de YHWH, así que si una persona se sana en Shabat, entonces probablemente vino de YHWH. Esto es simplemente para demostrar que tan lejos se había extraviado Yisrael de la verdad para el momento en que Yahushua vino en la carne.

Debió haberlo molestado el ver cómo los hombres habían torcido Sus mandamientos que fueron destinados a liberar y bendecir a Su pueblo. En vez de proveer descanso, las tradiciones de los hombres estaban esclavizando a Su pueblo. Esto es exactamente a lo que Él se estaba refiriendo cuando dijo: *"²⁸ Venid a mí todos los que estáis trabajados y cargados, y yo os haré descansar. ²⁹ Llevad mi yugo sobre vosotros, y aprended de mí, que soy manso y humilde de corazón; y hallaréis descanso para vuestras almas; ³⁰ porque mi yugo es fácil, y ligera mi carga."* Mattityahu 11:28-30

Este descanso que Él estaba prometiendo era el descanso que se encontraba a través del Shabat. Como Amo del Shabat, Él le estaba diciendo a la gente que se despojara del yugo que los hombres habían puesto sobre ellos a través de sus ordenanzas y tradiciones y que se dejaran ser guiados por Él a través de Su Torá para la observancia verdadera del Shabat. Él hizo esta declaración en un Shabat e inmediatamente antes de Sus enseñanzas más importantes del Shabat. (Mattityahu 12:1-13; Lucas 6:1-10).

Muchas veces no sabemos lo que es mejor para nosotros, pero nuestro Creador sí lo sabe. Este llamado a descansar está destinado a ser una bendición. Él creó este extraordinario día para nuestro beneficio. Él bendijo este día y fue destinado a ser una bendición para nosotros. Esto es lo que Yahushua quiso decir cuando Él dijo *"El Shabat fue hecho por causa del hombre, y no el hombre por causa del Shabat"* Marcos 2:27. De hecho, Yahushua enseñó que era lícito hacer el bien en el Shabat. *"¹¹ Él les dijo: ¿Qué hombre habrá de vosotros, que tenga una oveja, y si ésta cayere en un hoyo en Shabat, no le eche mano, y la levante? ¹² Pues ¿cuánto más vale un hombre que una oveja? Por consiguiente, es lícito hacer el bien en el Shabat."* Mattityahu 12:11-12.

En todas las maneras el Mesías afirmó la verdad y la importancia del Shabat. Él afirmó Su autoridad sobre el Shabat al expresar el hecho de que Él es el Amo del Shabat. Si el Mesías es su Amo entonces tendría todo el sentido que usted guardara el Shabat como Él lo instruyó.

9

Los Primeros Creyentes y el Shabat

Yahushua siempre reverenció la Torá y Él siempre observó el Shabat. Si hay alguien en la historia que entendió las enseñanzas de Yahushua en lo que se refería al Shabat, yo supondría que serían los discípulos originales que siguieron a Yahushua y escucharon Sus enseñanzas. Esos discípulos continuaron observando el Shabat después de Su muerte y resurrección.

Los primeros creyentes de Yahushua fueron todos Yisraelitas por muchos años. Fueron una secta de Yisrael muy a menudo llamada Nazarenos, Notzrim, o simplemente seguidores de "El Camino." Ellos seguían la Torá y específicamente guardaban el Shabat. Algunas veces esto es difícil de discernir debido a ciertas doctrinas no escriturales que han impregnado a la religión Cristiana por siglos. Los siguientes son algunos ejemplos claros de las Escrituras Mesiánicas con respecto a la observancia del Shabat de los Creyentes originales.

"Luego volvieron a casa y prepararon especias aromáticas y perfumes. Entonces descansaron el Shabat, conforme al mandamiento." Lucas 23:56 NVI.

"Después del Shabat, al amanecer del primer día de la semana, María Magdalena y la otra María fueron a ver el se-

pulcro." Mattityahu 28:1 NVI. Ellas esperaron para ir a la tumba porque ellas estaban descansando, en observancia al Shabat. Debido a que el Shabat terminaba a la puesta del sol y no había alumbrado público, solo tendría sentido que dos mujeres esperaran hasta la salida del sol para viajar. Estas eran seguidoras de Yahushua que escucharon Sus enseñanzas y seguían Sus caminos. Si ellas estuvieron guardando el Shabat incluso después de Su muerte, cuando ellas desesperadamente quisieron llegar a la tumba, entonces claramente ellas entendieron que el Shabat era un mandato continuo.

Una interpretación errónea del siguiente pasaje en el Libro de Hechos se utiliza a menudo para apoyar la creencia de que el Shabat fue cambiado al Domingo. *"⁷El primer día de la semana, reunidos los discípulos para partir el pan, Pablo les enseñaba, habiendo de salir al día siguiente; y alargó el discurso hasta la medianoche. ⁸ Y había muchas lámparas en el aposento alto donde estaban reunidos."* Hechos 20:7-8. Este verso es entendido por algunos para respaldar el movimiento del Shabat (el séptimo día) al día del Señor (el primer día) debido a que los Discípulos "partieron el pan" en el primer día de la semana.

Para entender correctamente este pasaje se necesita entender el cálculo de tiempo correcto así como la tradición Hebraica. Si bien el sistema moderno considera que la medianoche es el inicio de un nuevo día, el día Escritural comienza después de la puesta del sol, normalmente cuando tres estrellas son visibles en el cielo. Por lo tanto, el día nuevo comienza realmente en la noche.

Tradicionalmente, cuando el Shabat termina a la puesta del sol en el séptimo día (Sábado) mucha gente continúa teniendo comunión con una comida (partiendo el pan por ejemplo), porque para entonces es permisible cocinar. Aunque la puesta del sol significa el inicio del primer día de la semana y se puede trabajar, la mayoría de gente no va a trabajar porque está oscuro. Como resultado de ello, mucha gente continúa teniendo comunión y partiendo el pan después del Shabat. El tiempo después de Shabat cuando el sol se ha puesto se llama havdallah, que significa "separación".

Algunas personas realizaban una ceremonia especial para conmemorar el paso del Shabat que es seguido por la comunión y una comida. Esta comida, de acuerdo a la tradición, se llama la Melaveh Malka, y significa "acompañando a la reina." "Participar en esta comida es otra manera de despedirse del Shabat. De acuerdo a la leyenda, la costumbre se originó con el Rey David. David le preguntó a Dios cuándo habría de morir, y Dios le dijo que sería en un Shabat. Desde ese momento, cuando cada Shabat terminaba, David hacía una fiesta para celebrar su supervivencia. La nación en conjunto se regocijaba con él y adoptaba la práctica de celebrar la Melaveh Malka en la noche del Shabat."[38]

Esto era generalmente lo que los discípulos estaban haciendo en el pasaje de Hechos. Después de que terminara el Shabat y estuviera oscuro, ellos permanecían juntos en comunión y para una comida. Shaul saldría la mañana siguiente a primera hora para continuar con sus viajes así que pasaba sus últimas horas de vigilia, que era el primer día de la semana, compartiendo y enseñando hasta la media noche. Es en este pasaje en particular un gran milagro ocurrió cuando Eutico fue levantado de entre los muertos después de caer de una ventana de un tercer piso. Entendiblemente, nadie se fue a acostar y se quedaron hablando hasta el amanecer (Hechos 20:9-12).

En general se acepta que el Libro de Hechos fuera escrito por Lucas aproximadamente en los años 70 al 80 D.C., bien después de la muerte y resurrección de Yahushua. En el primer Capítulo de Hechos, Lucas se refiere a la ascensión de Yahushua y dice: *"Entonces volvieron a Yahrushalaim desde el monte que se llama del Olivar, el cual está cerca de Yahrushalaim, **camino de un Shabat**."* Hechos 1:12. Ahora, la ascensión no ocurrió en un Shabat así que no había ninguna razón en particular para hacer mención de la distancia, excepto para reafirmar que ellos aun estaban guardando el Shabat y aun así calculaban la distancia hasta que punto era permitido caminar en el Shabat que, por cierto, es más un asunto de tradición aceptada que de un mandamiento existente.

Los Gentiles conversos no eran de los nativos Yisraelitas . Se esperaban que ellos fueran a la Sinagoga en el Shabat y aprendieran la Torá junto con los Creyentes Hebreos. *"⁹ Por lo cual yo juzgo que no se inquiete a los gentiles que se convierten a Dios, ²⁰ sino que se les escriba que se aparten de las contaminaciones de los ídolos, de fornicación, de ahogado y de sangre. ²¹ **Porque Moisés (la Torá) desde tiempos antiguos tiene en cada ciudad quien lo predique en las sinagogas, donde es leído cada Shabat.**"* Hechos 15:19-21.³⁹

Todas estas Escrituras apoyan el hecho de que los seguidores del Mesías Yahushua guardaban el séptimo día de Shabat, sea que fueran Yisraelitas nativos o Gentiles conversos . Algunos teólogos han tratado de explicar esta evidente contradicción en la historia Cristiana al crear una Dispensación Apostólica. Ellos enseñan que hubo una dispensación (período de tiempo) cuando los apóstoles continuaron obedeciendo la Torá hasta que el Templo fue destruido en el año 70 D.C.

Si bien por encima esto puede sonar como una explicación racional para la inconsistencia doctrinal Cristiana, esto está absolutamente equivocado. En vez de simplemente admitir que el Cristianismo moderno está en error y en vez de restaurar la verdad con respecto al Shabat, los teólogos han creado nuevas doctrinas e interpretaciones para reparar y apoyar las enseñanzas falsas heredadas de sus antecesores. Esto ha estado sucediendo a través de los siglos y oigo el grito del profeta Jeremías (Yirmeyahu)[40] mientras declara: *"a ti vendrán naciones desde los extremos de la tierra, y dirán: Ciertamente mentira poseyeron nuestros padres, vanidad, y no hay en ellos provecho."* Yimeyahu 16:19. A medida que vaya leyendo en los capítulos venideros, verá que los Cristianos verdaderamente han heredado mentiras con respecto al Shabat.

10

Pablo y el Shabat

El Cristianismo muy a menudo mira los escritos de Pablo (Shaul)[41] para justificar sus creencias dispensacionales que conducen al rechazo de la Torá. Desgraciadamente, los escritos de Shaul son con frecuencia mal interpretados o torcidos para apoyar estas falsas doctrinas. La razón por las que sus cartas son muy a menudo complicadas y difíciles de entender, es en particular porque no son vistas en el contexto cultural propio y Escritural. En mi opinión, no pueden ser entendidas a menos que una persona tenga un entendimiento sólido del Tanak.

Incluso Kefa proclamó: "...*[15] tal como os escribió también nuestro amado hermano Shaul, según la sabiduría que le fue dada. [16]Asimismo en todas sus cartas habla en ellas de esto; en las cuales hay algunas cosas difíciles de entender, que los ignorantes e inestables tuercen--como también tuercen el resto de las Escrituras--para su propia perdición.*" 2 Kefa 3:14:16. Por lo tanto, incluso mientras los Discípulos estaban aún vivos, la gente estaba torciendo las palabras de Shaul. Imagínese cuán lejos ha llegado en los últimos 1900 años.

Vamos a empezar con un pasaje fundamental que Shaul supuestamente escribió en la Epístola a los Hebreos con respecto al Shabat y veamos como ha sido mal interpretado al punto que ni siquiera dice lo que se pretendía.

La versión Reina-Valera dice lo siguiente: "*Queda, por tanto, un reposo sagrado para el pueblo de Dios.*" Hebreos 4:9 VRV. Este pasaje en realidad no significa mucho para la mayoría de lectores y es usado con frecuencia para apoyar la noción de que el Domingo es ahora el Shabat o que todos los días son un Shabat. Llegaremos a estos argumentos más adelante en la discusión, pero por ahora quiero echar una mirada más profunda en la traducción del pasaje en su carta a los Hebreos (Ibrim – עברים).

Una interpretación precisa del texto Griego dice lo siguiente: "Queda por tanto un Shabat por guardar para el pueblo de Elohim." (Las Escrituras).[42] La palabra sabatismos (σαββατισμος) aparece en el Griego de un derivado de sabbaton (σαββατον) que viene de la palabra Hebrea Shabat. Shabat significa Sábado, no significa descanso. Si bien el descanso es una de las cosas destinadas a ocurrir, los significados no son intercambiables. El Shabat fue y sigue siendo el séptimo día de la semana, actualmente conocido como Sábado, o el día de Saturno en el calendario pagano Romano. Los Romanos dedicaron este día a una de sus deidades y el mundo moderno ha continuado esa costumbre pagana.

La palabra para descanso en el Griego es katapausis (καταπαυσισ) que se utiliza en muchas de las partes circundantes en Hebreos (Ibrim) y en esos casos está correctamente traducido como "descanso". Sin embargo, en Ibrim 4:9, la palabra Griega no es katapausis (καταπαυσισ), sino más bien sabbatismos (σαββατισμὸς). La mayoría de las traducciones modernas en Inglés han eliminado la palabra Shabat, la cual tiene un significado muy importante y específico, y lo reemplazaron con el término vago y general de "descanso."

La exclusión de la palabra Shabat de la mayoría de las traducciones es un error crítico. Vamos ahora a mirar la cita completa de Shaul, en el contexto, para ver si podemos determinar el mensaje que él está tratando de transmitir.

"*¹ Temamos, pues, no sea que permaneciendo aún la promesa de entrar en Su reposo, alguno de vosotros parezca no haberlo alcanzado. ² Porque también a nosotros se nos ha anunciado la buena nueva como a ellos; pero no les provechó el oír la palabra, por no ir acompañada de fe en los que la oyeron. ³ Pero los que hemos creído entramos en el reposo, de la manera que dijo: Por tanto, juré en mi ira, No entrarán en mi reposo; aunque las obras suyas estaban acabadas desde la fundación del mundo. ⁴ Porque en cierto lugar dijo así del séptimo día: Y reposó Elohim de todas sus obras en el séptimo día. ⁵ Y otra vez aquí: No entrarán en mi reposo. ⁶ Por lo tanto, puesto que falta que algunos entren en él, y aquellos a quienes primero se les anunció la buena nueva no entraron por causa de desobediencia, ⁷ otra vez determina un día: Hoy, diciendo después de tanto tiempo, por medio de David, como se dijo: Si oyereis hoy su voz, No endurezcáis vuestros corazones. ⁸ Porque si Yahushua les hubiera dado el reposo, no hablaría después de otro día. ⁹ **Por tanto, queda un Shabat que guardar para el pueblo de Elohim.** ¹⁰ Porque el que ha entrado en su reposo, también ha reposado de sus obras, como Elohim de las suya. ¹¹ Procuremos, pues, entrar en aquel repo-*

so, para que ninguno caiga en semejante ejemplo de desobediencia." Ibrim 4:1-11

El texto está claro, debemos de entrar en el descanso del Shabat tal como Elohim descansó. Los Creyentes tienen que ser obedientes al mandamiento a diferencia de aquellos que no entraron debido a su desobediencia. Shaul está reforzando los mandamientos acerca del Shabat y no está enseñando nada contrario a la Torá. Note también que él enfatiza la semana de la Creación que refuerza el punto que el Shabat comenzó en la creación, y no en el Sinaí.

Una Epístola de Shaul que es usada muy a menudo para respaldar la noción de la adoración en el Domingo se encuentra en la Primera Carta a los Corintios. *"¹ En cuanto a la ofrenda para los apartados (santos), haced vosotros también de la manera que ordené en las iglesias de Galacia. ² Cada primer día de la semana cada uno de vosotros ponga aparte algo, según haya prosperado, guardándolo, para que cuando yo llegue no se recojan entonces ofrendas."* I Corintios 16:1-2.

Nuevamente, es importante reconocer que el día Escritural inicia a la puesta del sol. El Shabat empieza a la puesta del sol después del sexto día (viernes por la noche) y termina a la puesta del sol el día siguiente (sábado por la noche). No se admite llevar a cabo negocios durante el Shabat y algunos Yisraelitas ni siquiera llevaban dinero en el Shabat. Por lo tanto, sería normal que cualquier negocio se llevara a cabo en el primer día de la semana, inmediatamente después del Shabat (sábado por la noche), mientras los Creyentes aun estaban reunidos.

Esto era puramente un asunto administrativo que tenía sentido. Debido a que los creyentes estarían teniendo comunión durante el Shabat, ellos no terminarían abruptamente su comunión a la puesta del sol cuando el primer día de la semana iniciaba. Estaba oscuro, y ningún trabajo verdadero podría llevarse a cabo así que ellos por lo general continuaban su comunión y también los ancianos podían lidiar con los aspectos de negocios de la Asamblea. Era una ocurrencia natural y ciertamente no significaba que el Shabat había cambiado a Domingo. De hecho, este pasaje respalda el hecho de que los Creyentes estuvieran aun observando el Shabat porque no manejaban dinero en el Shabat, sino que esperaban hasta que el Shabat terminara y en el primer día de la semana empezaban a lidiar con sus finanzas.

Otro escrito que es usado muy a menudo para justificar la adoración en el Domingo, o la abolición del séptimo día Shabat, se encuentra en Romanos 14. *"¹ Recibid al débil en la fe, pero no para contender sobre opiniones. ² Porque uno cree que se ha de comer de todo; otro, que es débil, come legumbres. ³ El que come, no menosprecie al que no come, y el que no come, no juzgue al que come; porque Elohim le ha recibido. ⁴ ¿Tú quién eres, que juzgas al criado ajeno? Para su propio señor está en pie, o cae; pero estará firme, porque poderoso es el Señor para hacerle estar firme. ⁵ Uno hace diferencia entre día y día; otro juzga iguales todos los días. Cada uno esté plenamente convencido en su propia mente. ⁶ El que hace caso del día, lo hace para YHWH; y el que no hace caso del día, para YHWH no lo hace. El que come, para YHWH come, porque da gracias a Elohim; y el que no come, para YHWH no come, y da gracias a Elohim."* Romanos 14:1-6. Este pasaje es más difícil que los otros si no se entiende el contexto en el que fue escrito.

"La referencia no es específicamente para [fiestas solemnes] sino para todos los días que cualquier creyente podría haber llegado a considerar como especialmente santos. Esto se debe a que los "débiles" no son específicamente creyentes Judíos, sino que cualquier creyente adherido a observancias particulares del calendario."[43]

"Los Días incluyen días de ayuno en la Torá y/o por los Sabios (cf Ta'nit) u otros recordatorios menores (cf. Jueces 11:40); días considerados por estar bajo estrellas de suerte, o de mala suerte de acuerdo al calendario astrológico; o a los días festivos paganos dedicados a los muchos dioses dentro del panteón Romano... Ciertos (Judíos y Gentiles) círculos Helenísticos practicaban un vegetarianismo basado en la religión combinado con un temor de demonios que hacía que ciertos días fueran de suerte y otros días de mala suerte. El argumento de Pablo aquí es influenciado por un lado por las ideas Helenísticas Judías tal como la de Filón, y un debate entre las dos escuelas Farisaicas de Beit Shammai y Beit Hillel. Filón asocia los hábitos alimentarios religiosos con la observancia de los días festivos..."[44]

Se tiene que leer más que simplemente un versículo para que este pasaje tenga sentido. Una vez que se lee toda la porción y se reúne suficiente información para mirar el fondo apropiado queda claro que Shaul estaba tratando con asuntos muy específicos que se habían levantado dentro de la Asamblea en Roma, una sociedad que fue rodeada con prácticas y creencias paganas. Él estaba haciendo frente a un problema con respecto a guardar y a las prácticas que quedaban fuera de la Torá y se derivaban de la cultura Romana, no del Shabat que está claramente prescrito por las Escrituras. Él introdujo la discusión al referirse de los asuntos como "asuntos disputables." El Shabat claramente no es un asunto disputable, fue literalmente "escrito en piedra."

Un texto similar mal traducido se encuentra en la carta de Shaul a los Gálatas: *"Guardáis los días, los meses, los tiempos y los años."* Gálatas 4:10. Muchos interpretan este pasaje cuando lo leen, como si Shaul estuviera castigando a los Gálatas por observar el Shabat. Una vez más, usted debe leer la Escritura en contexto y en su totalidad de la siguiente manera: *"⁸ Ciertamente, en otro tiempo, no conociendo a Dios, servíais a los que por naturaleza no son dioses; ⁹ mas ahora, conociendo a Dios, o más bien, siendo conocidos por Dios, ¿cómo es que os volvéis de nuevo a los débiles y pobres rudimentos, a los cuales os queréis volver a esclavizar? ¹⁰ Guardáis los días, los meses, los tiempos y los años. ¹¹ Me temo de vosotros, que haya trabajado en vano con vosotros."* Gálatas 4:8-11

Shaul les está escribiendo a conversos paganos Gentiles, y no a Creyentes Hebreos. Está claro que los "elementos débiles y pobres" a los que Shaul se está refiriendo son los días, meses, temporadas y años paganos relacionados a los dioses paganos que ellos alguna vez observaron. Este pasaje no tiene nada que ver con el Shabat.

Un pasaje que se refiere específicamente al Shabat pero está sujeto a una mala traducción se encuentra en la Carta a los Colosenses. En este caso, la mala traducción es responsable de cambiar el significado del pasaje. Primero vamos a mirar una traducción popular y luego vamos a examinar la traducción literal del Texto Griego. *"¹⁶ Por tanto, nadie os juzgue en comida o en bebida, o en cuanto a* *días de fiesta, luna nueva o días de reposo, ¹⁷ todo lo cual es sombra de lo que ha de venir; pero la <u>sustancia</u> (es) de Cristo."* Colosenses 2:16-17.

Este pasaje pareciera que dice que no debemos de juzgar a otros de su "libertad Cristiana." La implicación es que las fiestas (fiestas solemnes), la luna nueva y el Shabat ya no son importantes, porque solamente son sombras y la sustancia verdadera es Cristo (el Mesías). Esa es una interpretación errada. La palabra sustancia no es una traducción correcta de la palabra Griega "soma" (soma) que significa "cuerpo." También, la palabra "es" no se encuentra en el texto original y fue agregada por traductores para que el pasaje significara lo que ellos querían que significara.

La interpretación literal del pasaje del Griego dice lo siguiente: *"Por tanto, nadie os juzgue en comida o en bebida, o en cuanto a días de fiesta, luna nueva o Shabat, ¹⁷ todo lo cual es sombra de lo que ha de venir; sino que el cuerpo del Mesías."* Ahora el significado está claro. Si bien todas estas cosas son una sombra de lo que ha de venir y son todas espirituales en su naturaleza, no permita que nadie fuera del Cuerpo del Mesías juzgue en estas cosas, porque solo el Cuerpo del Mesías está en una posición de entender y juzgar correctamente acerca de estas cosas.

En el momento que esta carta fue escrita, los Creyentes en Colosas estaban viviendo en medio de una sociedad adoradora al dios sol pagano. Cuando ellos empezaron a observar la Torá, ellos se apartaron del resto de la sociedad al observar los mandamientos Escriturales y al abstenerse de las prácticas paganas. Entonces, esta declaración de Shaul tiene la intención de motivarlos en su observancia de la Torá, y no de desmotivarlos. Él les está diciendo que no se preocupen acerca de los juicios que vienen de parte de los paganos alrededor de ellos debido a que sus observancias Escriturales eran sombras espirituales solamente comprendidas por los miembros del Cuerpo del Mesías. Él también puede que esté advirtiéndoles en contra de los Judaizantes que estaban constantemente tratando de entrampar a los Creyentes a obedecer los mandamientos y tradiciones de hombre que los pondrían bajo su ley y cautiverio.

Por lo tanto, todos los escritos de Shaul, cuando se traducen con precisión y se miran en su contexto apropiado, respaldan la continuación del Shabat y en ninguna manera indican que los Creyentes no deberían estar observando el Shabat.

Contrariamente a la creencia popular, Shaul nunca ensenó en contra de la Torá o del Shabat. De hecho, él era un Hebreo observante de la Torá que siempre observó el Shabat. Vamos a examinar algunos pasajes de la Escritura que respaldan esta afirmación.

- *¹³ Habiendo zarpado de Pafos, Pablo y sus compañeros arribaron a Perge de Panfilia; pero Yahonatan, apartándose de ellos, volvió a Yahrushalayim. ¹⁴ Ellos, pasando de Perge, llegaron a Antioquía de Pisidia; y **entraron en la sinagoga un Shabat y se sentaron**.* Hechos 13:13-14.
- *⁴² Cuando salieron ellos de la sinagoga de los judíos, los gentiles les rogaron que el siguiente Shabat les hablasen de estas cosas. ⁴³ Y despedida la congregación, muchos de los judíos y de los prosélitos piadosos siguieron a Pablo y a Bernabé (Barnabah), quienes hablándoles, les persuadían a que perseverasen en la gracia de Elohim.*

> ⁴⁴ *El siguiente Shabat se juntó casi toda la ciudad para oír la palabra de YHWH. Hechos 13:42-44.*

- *Y en un Shabat salimos fuera de la puerta, junto al río, donde solía hacerse la oración. Hechos 16:13*

- ***Y Shaul, como acostumbraba, fue a ellos, y por tres Shabats discutió con ellos de las Escrituras.*** *Hechos 17:2.*

- ***Y discutía en la sinagoga todos los Shabat, y persuadía a judíos y a griegos.*** *Hechos 18:4*

Estas Escrituras reconocen que el séptimo día era todavía considerado el Shabat cuando Shaul estuvo ministrando y cuando el Libro de Hechos se escribió. Él hizo todo lo posible por ir a Yahrushalayim para observar las fiestas solemnes como se puede ver a través del Libro de Hechos. Él no continuó observando el Shabat porque él estaba en un advenimiento especial tallado por los Primeros Apóstoles Hebreos. Él guardó el Shabat porque él era un seguidor del Mesías que era el Dueño del Shabat.

11

El Domingo – El Día del Señor

Con toda la evidencia provista hasta el momento la pregunta que debe hacerse es: ¿Por qué el Cristianismo no observa adecuadamente el Shabat? La respuesta es en realidad muy simple y bien documentada. Después de siglos de que la religión organizada tuviera una oportunidad para establecerse, los hombres eventualmente intentaron cambiar este mandamiento que, por supuesto, no es posible. Si el hombre elige observar el Shabat o no, no es casualidad: el Shabat es aun el Shabat. No se equivoque acerca del hecho de que la práctica Católica y Cristiana de adorar en el Domingo, el día habitualmente atribuido a la adoración del dios sol, es simplemente una tradición creada por los hombres. Fue el hombre quien intentó reemplazar el Shabat con el Domingo, no Yahushua ni Shaul.

"Tradicionalmente la adopción de la observancia del Domingo en lugar del séptimo día de Shabat ha sido atribuida a la autoridad eclesiástica en lugar del precepto o mandato Bíblico. Thomas Aquinas (d. 1274), por ejemplo, declara categóricamente: "En la Nueva Ley la observancia del día del Señor tomó el lugar de la observancia del Shabat, no por virtud del precepto [el Cuarto Mandamiento] sino que por la institución de la Iglesia." La misma opinión fue reiterada tres siglos más tarde en el Catecismo del Concilio de Trent (1566) que establece, 'Agradó a la Iglesia de Dios que la celebración religiosa del día de Shabat debería ser transferida al 'Día del Señor.' Durante las controversias teológicas del décimo sexto siglo, los teólogos Católicos muy a menudo hacían un llamamiento al origen eclesiástico del Domingo para probar el poder de la Iglesia para introducir leyes y ceremonias nuevas. El eco de tal controversia puede detectarse incluso en la histórica Confesión Luterana de Augsburg (1530), que declara: "Ellos [los Católicos] se refieren al día de Shabat por haber sido cambiado al Día del Señor, contrario al Decálogo [Diez Mandamientos], según parece. Tampoco hay ningún ejemplo donde hagan más que preocuparse del cambio del día de Shabat. Grandioso, dicen ellos, es el poder de la Iglesia, ¡debido a que ha dispensado uno de los Diez Mandamientos!"[45] Espero que el lector pueda ver esto tal como es – un error. Ningún hombre, sistema o institución tiene la autoridad para cambiar los mandamientos de YHWH.

Los vientos de cambio soplaban desde el segundo siglo de la Era Común. En el año 115 de la E.C., Ignacio, el Arzobispo de Antioquía le escribió una carta a los de Magnesia: "Si entonces aquellos que habían caminado en las prácticas antiguas llegaron hasta la novedad de la esperanza, sin guardar ya los Shabats sino que acomodaron sus vidas en pos del día del Señor, en el que nuestra vida también se levantó a través de Él y su muerte cuyo algunos hombres niegan..." Si bien hay varias traducciones de este documento, todas parecieran concluir que hubo un nuevo énfasis desarrollándose hacia el Domingo y una disminución de la ordenanza para guardar el Shabat. Esta carta, que vino tan solo unas décadas después de la muerte de los discípulos originales, dramáticamente ilustra lo rápido que se puede cometer un error dentro de los sistemas religiosos organizados. También es interesante notar que Ignacio era de Antioquía un lugar donde los discípulos fueron llamados por primera vez Cristianos (Hechos 11:26) y una cultura profundamente impregnada en paganismo y aparentemente susceptible a la falsa doctrina.[46] De hecho, el Templo de Fortuna en Antioquía fue en realidad re-dedicado por los Cristianos para su propio uso.

En el momento en que Ignacio escribiera su carta, había muchos problemas dentro de la Asamblea de Creyentes incluyendo cismas, falsas doctrinas y otras herejías. La fe inicial fue golpeada por todo lado por los críticos y engañadores. Shaul pasó mucho tiempo de su ministerio tratando de corregir los problemas que se ensañaron en las primeras Asambleas, pero tan pronto como los Discípulos originales fallecieron, los lobos se precipitaron como una ola gigantesca tal como se había predicho. (Mattityahu 7:15; Hechos 20:29; 2 Timoteo 4:3; 2 Kefa 2:1).

El problema se empeoró a lo largo de los siglos porque muchos de los bien conocidos "Padres de la Iglesia" salieron del Gnosticismo y trajeron algunas de sus creencias heréticas con ellos. Epifanio había sido un Nicolaíta, Ambrosio de Milán había sido un Valentiniano y Agustín había sido un Maniquea por 9 años antes de unirse a la Iglesia Catolica.[47] Sabemos muy poco acerca del carácter de estos hombres – solo las palabras que la historia han registrado acerca de ellos. Desgraciadamente, parece ser que parte de sus teologías eran defectuosas.

"Todas estas sectas Gnósticas se distinguían por su rechazo a la Ley del Antiguo Testamento [Torá], algunos de ellos incluso rechazaban al Todopoderoso del

Antiguo Testamento [YHWH], y algunos de ellos incluso equiparaban al Todopoderoso del Antiguo Testamento [YHWH] con el ¡Malvado [hashatan]! En su rechazo de la Ley del Antiguo Testamento [Torá], los Gnósticos Valentinianos incluso rechazaron todas las leyes morales, llevándolos a vidas escandalosas. Este Valentinianismo actuó como una casa a medias por doscientos años entre el paganismo y el Cristianismo. Los Marcionitas luego fueron refutados, pero también contribuyeron a la aversión, e incluso al rechazo del Antiguo Testamento [Tanak]. El Mitraísmo de la adoración al sol, que fomentó la astrología Babilónica (Caldea) siendo el Sol el centro, jugó un rol importante en la fusión resultante entre la adoración al sol y la Creencia Mesiánica. Manes y sus seguidores, los Maniqueos, de entre ellos vino Agustín, 'miró al Judaísmo con horror, rechazó el Antiguo Testamento [Tanak] por completo, y [el Maniqueísmo] no era improbable que naciera en un brote de furia antisemita.' Los Maniqueos (que eran medio Cristianos) guardaban el Domingo en honor al Sol..."[48]

El paso de muchos cientos de años vio la caída de los adeptos Hebreos y el surgimiento de una religión dominada por los Gentiles, muy diferente de la fe y la enseñanza del Mesías y los discípulos. Durante el año 325 E.C. nació la Iglesia Católica Romana en el Concilio de Nicea. El Concilio fue convocado por el Emperador Romano Constantino, un adorador ardiente del dios sol Mitra, que llevaba el título de "Pontifus Maximus" – Sumo Sacerdote del Paganismo – a pesar de su política y motivada "conversión" al Cristianismo. El Concilio contó con la presencia de "líderes de iglesias" seleccionados excluyendo a todos los Creyentes Hebreos. Varios asuntos doctrinales se debatieron y se acordaron sobre lo que resultó en el Credo de Nicea. El Concilio fue, en gran parte, controlado por Eusebio, un Obispo con motivos y creencias cuestionables.

El Concilio elegido por la mano de Constantino, es responsable de prohibir las sinagogas y la Torá – no un comienzo muy prometedor para una religión que supuestamente adoraba a un Rabino Hebreo resucitado que asistía regularmente a la Sinagoga donde Él leía y enseñaba la Torá. Antes de la celebración de este Concilio, ya Constantino había emitido una proclamación el 7 de Marzo del año 321 D.C. que decía: *"Todos los jueces, la gente de la ciudad y los artesanos deben descansar en el Día Venerable del Sol."*

El cambio "oficial" del Shabat al Domingo ocurrió en el Concilio de Laodicea que se llevó a cabo en algún momento entre el año 343 y el 381 D.C. De acuerdo al Canon 29: *"Los Cristianos no deben Judaizar al descansar en el Shabat, sino que tienen que trabajar en ese día, honrando así el Día del Señor; y si ellos pueden, que descansen luego como Cristianos. Pero si se encuentra a alguien que sea Judaizante, que sea excluido de Cristo."* Esta fue una reunión muy anti-Semita que emitió otras proclamaciones como prohibir el ayuno con los Judíos o recibir el pan sin levadura de los Judíos.

El cambio del Shabat al Domingo parecía inevitable debido a las influencias paganas cada vez mayores que se colaban dentro de la Asamblea a lo largo de los siglos y eran eventualmente consumadas gracias a Eusebio y a sus muchos seguidores conocidos como Eusebios. "El Obispo

Eusebio (270-338 E.C.) que trabajó con Constantino, admitió la decisión de la Iglesia de cambiar el Shabat a Domingo. 'Todas las cosas que debían de hacerse en el Shabat, las hemos transferido al Día del Señor."⁵⁰

El Día del Señor, el cual los Cristianos interpretan que es Domingo, ha sido siempre un día sagrado a los adoradores del dios sol, de ahí el nombre Día del Sol. Los Cristianos se basan en un versículo en particular que se encuentra en El Libro de Apocalipsis para justificar el homenaje de este día. El pasaje, escrito por Yahonatan dice lo siguiente: "*Yo estaba en el Espíritu en el día de YHWH.*" Muchas Biblias en Ingles traducen el "Día de YHWH" como "el Día del Señor" el cual no tiene un significado en particular en el contexto de las Escrituras. El "Día de YHWH" por otro lado, es un Día específico mencionado dentro de las Escrituras al menos 30 veces y descrito en 300 términos similares.

Por lo tanto, "El Día" al que Yahonatan se estaba refiriendo era el "Día de YHWH", y no un nuevo día llamado "el Día del Señor" y este pasaje no debe de ser usado en ninguna manera para respaldar la noción de que el Shabat fue cambiado al Día del Sol. "El primer día de cada semana, el Domingo, fue consagrado a Mitra desde tiempos remotos... porque el Sol era dios, el Señor por excelencia, el Domingo vino a llamarse el día del Señor, como más tarde se llevó a cabo por el Cristianismo."⁵¹

No tengo disputa alguna con el hecho de que el Domingo sea considerado "el día del Señor." Debido a que "baal" significa "señor" en Hebreo, tiene mucho sentido entonces el hecho de que el Día del Sol era el día de la semana tradicional que los adoradores al dios sol reverenciaban a su "señor". Este punto demuestra el problema de usar títulos en vez de nombres en nuestra adoración. Los adoradores al sol se refieren a Baal, Mitra, Ra, Júpiter, Zeus, Helios, Atis, Tamuz, Osiris y similares cuando dicen "señor" mientras los Cristianos usan el mismo título cuando se refieren a su Salvador. Ambos usan el mismo título y adoran en el mismo día lo cual plantea un gran dilema para los Cristianos, especialmente cuando el Creador del Universo llama al séptimo día Shabat apartado.

El escenario había estado listo para el cambio del Shabat al Domingo por dos edictos previos emitidos por Constantino. El primero se llamó el Edicto de Milán y fue emitido en el año 313 E.C. el cual adoptó una política de libertad religiosa universal y terminó la persecución de los Cristianos. El segundo se llamó el Edicto de Constantino y fue emitido en el año 321 E.C. Este edicto legisló el día venerable del Sol (Domingo) para ser un día de descanso. Este acto estaba en perfecta armonía con la participación continua y famosa de Constantino en la adoración al dios sol.

En el año 341 E.C. en el Concilio de Antioquía, a los Cristianos se les prohibió celebrar la Pascua que es una de las Fiestas Solemnes (moadi) ordenada en las Escrituras (Vayiqra 23). Por el contrario, los Cristianos fueron instruidos a celebrar Semana Santa, un día enraizado en la adoración pagana y nombrado en honor a Ishtar la diosa de la fertilidad, también conocida como Astarté. De ahí la razón de teñir huevos que tradicionalmente eran sumergidos en la sangre de niños sacrificados en el altar de Ishtar.

Debido a que muchos de los primeros conversos Cristianos crecieron en una sociedad pagana y fueron probablemente paganos, consideraron toda su vida que el Domingo era un día especial. La decisión del Concilio de reemplazar el séptimo día Shabat con el muy conocido "Día del Señor" se cumplió de manera positiva. Esto calzó bien con los hábitos y las tradiciones del pueblo. Al observar el primer día de la semana (Domingo) como un Shabat en vez del séptimo día de la semana, los conversos paganos no tuvieron que cambiar su rutina de compras o alterar su horario de trabajo semanal. Ellos podían continuar yendo al centro comercial, podían cortar el césped y trabajar en sus proyectos favoritos de mejoras para el hogar el Sábado, tal como lo habían hecho cuando eran paganos.

Un grupo de Creyentes que manifiestamente estaría opuesto a tal cambio era el de los Nazarenos que, para el tiempo, era poco en número y generalmente no estaba afiliado con la ahora "Iglesia" Cristiana incorporada antinomia dominada por los Gentiles.[52] De hecho, debido al sentimiento antisemita creciente dentro de la "Iglesia" Cristiana y la fricción que existía entre los Creyentes observantes de la Torá y los Cristianos generalmente desenfrenados, el cambio fue probablemente bien recibido por muchos Cristianos porque provocó una separación por mucho tiempo de cualquier cosa considerado como "Judío".

Este sentimiento se expresa notablemente en los escritos de los primeros historiadores Cristianos tal como Epifanio que escribió lo siguiente: "Ellos [los Nazarenos] no tienen ideas diferentes, pero confiesan todo exactamente como la Ley [Torá] lo proclama y a la manera Judía – excepto por su creencia en el Mesías... pero debido a que ellos aun están encadenados por la Ley [Torá] – la circuncisión, el Shabat, y todo lo demás – no están de acuerdo a los Cristianos." *Panarion 29.*

Note como él trata de describir a los Nazarenos como herejes, pero la única acusación que él tiene en contra de ellos es que ellos obedecen los mandamientos a diferencia de los Cristianos, que no lo hacen. Desgraciadamente, esa misma actitud existe al día de hoy. La mayoría de los partidarios Católicos y Cristianos creen que el séptimo día Shabat es estrictamente una observancia "Judía" por tanto ellos profanan el Shabat y luego critican a cualquiera que guarda el Shabat como si estuviera "bajo la ley."

Shaul acuñó esta frase que, como muchos de sus escritos, ha sido torcida por pensadores dispensacionalistas para cumplir sus fines – en este caso, el fin de la Torá. El obedecer los mandamientos no lo pone a uno "bajo la ley" a menos que usted se esté apoyando en la obediencia para salvar su alma, lo cual no lo puede salvar. Si, por otro lado, usted ha sido salvado por la misericordia y el favor de YHWH, entonces su servicio razonable es amar a su Señor con todo su corazón y con toda su mente (Devarim 6:5) lo cual lo llevará a un deseo de obedecerle a Él con todo su corazón y con toda su mente (Devarim 26:16).

Esto es exactamente los que el Mesías enseñó a sus Discípulos (Mattityahu 22:37). Él quiere que sus Discípulos amen y obedezcan lo cual provoca una completa obediencia por dentro y por fuera. Él muy a menudo castigó a los Fariseos porque ellos estaban enseñando a Su pueblo pero ellos eran hipócritas – ellos enseñaban una cosa y hacían otra. Ellos obedecían por fuera pero sus corazones eran corruptos. Él lo dijo muy bruscamente cuando dijo: *"²⁷ ¡Ay de ustedes, maestros de la ley y fariseos, hipócritas!, que son como sepulcros blanqueados. Por fuera lucen hermosos pero por dentro están llenos de huesos de muertos y de podredumbre.²⁸ Así también ustedes, por fuera dan la impresión de ser justos pero por dentro están llenos de hipocresía y de maldad."* Mattityahu 23:27-28 NVI.

Él claramente enseñó que Él esperaba que Sus seguidores obedecieran la Torá como se lee en la siguiente enseñanza: *"²⁷ Ustedes han oído que se dijo: "No cometas adulterio." ²⁸ Pero yo les digo que cualquiera que mira a una mujer y la codicia ya ha cometido adulterio con ella en el corazón.²⁹ Por tanto, si tu ojo derecho te hace pecar, sácatelo y tíralo. Más te vale perder una sola parte de tu cuerpo, y no que todo él sea arrojado al infierno."* Mattityahu 5:27-29 NVI. Él le ordenó a Sus seguidores a no cometer adulterio con sus cuerpos y no cometer adulterio en sus corazones (Shemot 20:14; Mattityahu 5:27-28). Esto es la enseñanza verdadera de la Torá.

Nuevamente el Mesías enseñó: *"²¹ Ustedes han oído que se dijo a sus antepasados: "No mates, y todo el que mate quedará sujeto al juicio del tribunal." ²² Pero yo les digo que todo el que se enoje con su hermano quedará sujeto al juicio del tribunal. Es más, cualquiera que insulte a su hermano quedará sujeto al juicio del Consejo. Pero cualquiera que lo maldiga quedará sujeto al juicio del infierno."* Mattityahu 5:21-22 NVI. Nuevamente Él está instruyendo al pueblo a obedecer, no solo con sus cuerpos, sino que también con sus corazones.

Esta es la completa obediencia que YHWH siempre ha deseado de Su pueblo y en ninguna manera elimina a la Torá. Por el contrario, este es el cumplimiento de la Torá como el Mesías dijo que Él vino a hacer. (Mattityahu 5:17).

Los sistemas religiosos del Catolicismo y Cristianismo han rechazado la enseñanza del Mesías porque han rechazado Su Torá. Ellos enseñan en contra de los mandamientos y proclaman que están abolidos. Como resultado de ello, son religiones desenfrenadas que enseñan sus propias reglas y tradiciones en vez de los mandamientos de YHWH. Lo triste es que la mayoría no se da cuenta de que esto es lo que están haciendo porque han heredado mentiras de los padres de sus religiones – hombres como Epifanio que criticaron a los primeros Creyentes por observar el Shabat (Yirmeyahu 16:9).

Los líderes e historiadores Católicos no se oponen al hecho de que el Shabat Escritural es el séptimo día y que fue la Iglesia Católica la que alteró el Shabat dentro de su sistema religioso. De acuerdo a un Catecismo Católico: "El Sábado es el Shabat... Observamos el Domingo en vez del Sábado por el que la Iglesia Católica transfirió la solemnidad del Sábado al Domingo."[53]

James Cardinal Gibbons, una Autoridad Católica prominente en este tema y un antiguo Arzobispo de Baltimore afirmó este hecho al declarar que: "La Iglesia Católica... por virtud de su misión divina, cambio el día del Sábado al Domingo." Además, declaró que "usted puede leer la Biblia de Génesis a Apocalipsis, y no encontrará un solo renglón que autorice la santificación del Domingo. Las Escrituras imponen la observancia religiosa del

Sábado, un día que nunca santificamos."⁵⁴ El 11 de Noviembre de 1895 la Oficina del Cardinal Gibbons a través del Canciller H.F. Tomás declaró: "Por supuesto que la Iglesia Católica defiende que el cambio fue su acto... y el acto es una marca de su poder eclesiástico." Este cambio se refiere repetidamente como una marca. "¡El Domingo es nuestra marca de autoridad!.. La Iglesia está por encima de la Biblia y esta transferencia de la observancia del Shabat es prueba de ese hecho."⁵⁵

Ya hemos visto que el Shabat es una señal o una marca distintiva de aquellos que siguen a YHWH, ahora vemos que la Iglesia Católica considera la adoración del Domingo como su marca. Esto debe de ser desconcertante para cualquiera que está familiarizado con el Profeta Daniel quien escribió que el Anti-Mesías, muy a menudo referido como el Anti-Cristo, "hablará palabras contra el Altísimo [Dios], y a los santos del Altísimo quebrantará, y pensará en cambiar los tiempos [Fiestas Santas y Días Santos] y la ley..." Daniel 7:25 (Ver también Apocalipsis 13).

No hay duda de que: "El Domingo es una institución Católica, y sus alegaciones de observancia se pueden defender solo bajo principios Católicos."⁵⁶ La Iglesia Católica usó el asunto del Shabat como prueba de que es la "Iglesia Verdadera" porque demostró su poder para cambiar los mandamientos de YHWH. "Si no hubiera tenido tal poder, no hubiera podido haber hecho eso en lo cual todas las religiones modernas coinciden con ella – No hubiera podido sustituir la observancia del Domingo, el primer día de la semana, por la observancia del Sábado, el séptimo día de la semana, un cambio que no tiene autoridad en la Escritura."[57]

Los Católicos están incluso desconcertados por los Protestantes, que supuestamente "protestaron" en contra de la autoridad de la Iglesia Católica, sin embargo continúan siguiendo el dogma Católico sobre los mandamientos expresados que se encuentran dentro de las Escrituras. "Es bueno recordarle a los Presbiterianos, Bautistas, Metodistas, y todos los demás Cristianos, que la Biblia no los respalda en ningún lado en su observancia del Domingo. El Domingo es una institución de la Iglesia Católica Romana, y aquellos que guardan ese día siguen un mandamiento de la Iglesia Católica."[58]

"Los Protestantes, que aceptan la Biblia como la única regla de fe y religión, deberían sin falta regresar a la guardar el Shabat. El hecho de que no lo hagan, sino que por el contrario, guarden el Domingo, los embrutece a los ojos de todo hombre pensante... Nosotros los Católicos no aceptamos la Biblia como única regla de fe. Además de la Biblia, tenemos a la Iglesia viviente, la autoridad de la Iglesia, como una autoridad para guiarnos. Nosotros decimos, que esta Iglesia, instituida por Cristo para enseñarnos y guiar al hombre a través de la fe, tiene el derecho de cambiar leyes ceremoniales del Antiguo Testamento y por lo tanto, aceptamos su cambio del Shabat al Domingo...Siempre es gracioso de alguna manera, ver las iglesias Protestantes, en la legislación del púlpito, demandar la observancia del Domingo, de lo cual no hay nada en la Biblia."[59]

Los Católicos son muy claros en este asunto. "Si usted sigue solamente la Biblia no puede haber duda alguna de que usted está obligado a mantener el Sábado santo, debido a que ese es el día prescrito especialmente por el Dios Todopoderoso para mantenerse santo al Señor."[60] Los Católicos reconocen que las Escrituras mandan un séptimo día Shabat y solo si usted cree que la Iglesia Católica tiene el poder de cambiar las Escrituras, usted debería reconocer y guardar el Domingo – el Día del Señor.

12

El Cristianismo Protestante y el Shabat

Hasta el momento se ha demostrado lo importante que es el Shabat para YHWH y hemos visto que Yahushua obedeció el Shabat y enseñó con respecto al Shabat al igual que Shaul. A pesar del hecho irrefutable de que la Iglesia Católica cambiara el Shabat al Domingo, todavía hay muchos Cristianos Protestantes que creen que el Shabat fue cambiado de manera súper natural del último día de la semana al primer día de la semana por Yahushua. Como se mencionó anteriormente, parte de este malentendido se basa en la creencia errada que Yahushua resucitó en el Domingo de Resurrección – lo cual no fue así.

Aparte de eso, si Yahushua hubiera venido a abolir o a cambiar uno de los mandamientos más significativos que se encuentran en las Escrituras, uno pensaría que habría al menos una referencia donde Él revelara sus intenciones para hacerlo así. En su lugar, todas sus enseñanzas del Shabat estaban basadas en la Torá y tenían por objeto dirigir a los hombres al propósito verdadero del Shabat.

No hay un pasaje de la Escritura que indique que el Shabat fue cambiado del séptimo día de la semana al primer día de la semana. Si Yahshua iba a cambiar el Cuarto Mandamiento, Él lo hubiera dicho explícitamente. Más bien lo que Él dijo fue: *"¹⁷ No penséis que he venido para abrogar la ley (Torá) o los profetas; no he venido para abrogar, sino para cumplir (completar). ¹⁸ Porque de cierto os digo que hasta que pasen el cielo y la tierra, ni una jota ni una tilde pasará de la Torá, hasta que todo se haya cumplido (completado)."* Mattithyahu 5:17-18. Él también dijo que *"Pero más fácil es que pasen el cielo y la tierra, que se frustre una tilde de la ley."* Lucas 16:17.[61]

La enseñanza de que el Shabat fue reemplazado por la adoración del Domingo es una mentira que ha sido heredada y la mayoría de gente nunca ni siquiera se ha cuestionado la verdad o el origen de la enseñanza. Recuerdo estar reflexionando sobre este problema de joven, pero nunca obtuve una respuesta clara. También recuerdo a un Predicador bueno de una vieja iglesia en el campo donde yo asistía, que cuestionaba esta contradicción durante un culto de Domingo en la mañana, pero al final, la tradición pudo más que la pura verdad de las Escrituras. Recuerdo la frustración en su voz mientras se resignaba al hecho de que nada de lo que él dijo cambiaría el ímpetu creado por siglos de observancia del Domingo.

Esto es exactamente con lo que está contando Satanás (hashatan), el adversario. Como ya se mencionó, el anti-mesías profetizado desea cambiar las fiestas solemnes de YHWH y establecer su propio sistema político, económico y religioso mundial. El intento de abolición del Shabat y la convergencia del "Shabat Cristiano" con el Domingo, un día que los paganos consagran la adoración al dios sol, no es coincidencia. La adoración al sol ha existido desde los días de Noé y se practica en la mayoría de las culturas bajo diferentes nombres y a través de diferentes dioses. Al final, todo es lo mismo y la meta es alejar a la gente del Todopoderoso y llevarlos a la adoración falsa.

El tiempo es el mejor amigo del adversario y su peor enemigo. El tiempo le permite alojar lentamente y continuamente sus falsas doctrinas, tradiciones y costumbres dentro de la religión organizada de manera que los partidarios al final no vean la abominación que los está mirando fijamente en la cara. Su deseo es alejar a la gente de la Torá, lejos de una vida de obediencia y llevarlos a un estado de iniquidad, que es el camino de la destrucción. De acuerdo a Shaul, el poder secreto de la iniquidad estaba en acción incluso mientras él estaba con vida (2 Tesalonicenses 2:7). Ahora es el *tiempo* para que los seguidores de YHWH se sacudan las mentiras que han heredado y empiecen a caminar en la verdad antes de que sea muy tarde.

Me doy cuenta de que este mensaje puede ser aterrador para muchos Cristianos que han pasado sus vidas enteras profanando el Shabat, pensando que el Domingo era el "Shabat Cristiano," pero no tiene que tomar solo mi palabra. De hecho, muchos maestros protestantes muy conocidos y muy apreciados han reconocido desde hace tiempo la verdad, pero no han tenido igualmente éxito en sus esfuerzos por reformar sus denominaciones respectivas. Lea lo que algunos han escrito con respecto al Shabat:

- "Algunos dicen que fue cambiado del séptimo día al primer día. ¿Dónde? ¿Cuándo? ¿Y por quien?

Nadie lo puede decir. No; nunca fue cambiado, ni puede serlo, a menos que la creación fuera a pasar nuevamente: por la razón asignada debe ser cambiado antes de la observancia, o respecto a la razón, ¡puede ser cambiado! Todas esas son viejas fábulas para hablar del cambio del Shabat del séptimo al primer día. Si fuera a cambiarse, sería ese personaje el que lo cambió, el que cambia los tiempos y las leyes de oficio – Creo que su nombre es el Doctor Anticristo."[62]

- "Se equivocan al enseñar que el Domingo ha tomado el lugar del Shabat del Antiguo Testamento y por ende ser guardado como el séptimo día tal como lo guardaban los hijos de Israel...Estas iglesias se equivocan en sus enseñanzas, porque la Escritura en ningún lugar ha ordenado el primer día de la semana en lugar del Shabat. Simplemente no hay ninguna ley en el Nuevo Testamento de este sentido."[63]

- "La ley moral contenida en los diez mandamientos, y ejecutada por los profetas, no la eliminó Él [Mesías]. No fue el diseño de su venida revocar cualquier parte de esto. Esta es una ley que nunca se puede romper...Cada parte de esta ley debe permanecer en vigor sobre toda la humanidad, y en todas las eras; no dependiendo del tiempo o el lugar, o de cualquier otra circunstancia sujeta a cambiar..."[64]

- "El Shabat fue obligatorio en el Edén, y ha estado vinculante desde entonces... ¿Cómo puede el hombre decir que este mandamiento ha sido eliminado cuando pueden admitir que los otros nueve están aún vigentes?"[65]

- El Shabat es una parte del Decálogo – los Diez Mandamientos. Esto por si solo resuelve para siempre la cuestión en cuanto a la perpetuidad de la institución... Hasta que, por lo tanto, se pueda demostrar que toda la ley moral ha sido derogada, el Shabat permanecerá."[66]

- "Está muy claro que sin importar que tan rígidamente o devotamente guardemos el Domingo, no estamos guardando el Shabat... [el cual] se encuentra en un mandamiento Divino específico. No podemos alegar ningún mandamiento que obligue la observancia del Domingo... No hay una sola oración en el Nuevo Testamento que sugiera que incurrimos en alguna penalidad por violar la supuesta santificación del Domingo."[67]

Si esto no es suficiente, animo a las personas para que lleven a cabo su propia investigación de las Escrituras y localicen todos los pasajes que hablan de honrar y obedecer el Shabat o la importancia del Shabat. Luego localicen todos los pasajes que hablan de cambiar o anular el Shabat. Usted mismo puede hacer la tarea o puede confiar en mis cálculos. Yo localicé 160 pasajes de la Escritura que hablan de guardar el Shabat semanal y no encontré ninguna Escritura que hablara de cambiar o anular el Shabat. Por supuesto, esto no me sorprendió ya que YHWH no cambia. (Malaquías 3:6).

Por lo tanto, si los Cristianos Protestantes confiesan que adoran al Todopoderoso, entonces deberían de guardar el Shabat como una señal o una marca en sus vidas en vez de la marca de la Iglesia Católica Romana.

13

Bendiciones y Maldiciones

El guardar el Shabat es muy a menudo un tema de división ya que la gente no entiende el manejo de la Torá y la misericordia. Algunos creen de manera equivocada que si una persona es "salva por gracia" entonces no debe seguir ya la Torá. Nada podría estar más lejos de la verdad. Nuestro caminar con YHWH nos obliga a vivir con rectitud y podemos encontrar Su instrucción para vivir con rectitud dentro de la Torá.

Al igual que con muchos de los mandamientos, puede que no miremos la razón exacta para obedecer, pero esto se resume en que si creemos y confiamos o no en YHWH. Así como una persona puede salvarse inicialmente al tener una fe como de niño, se espera que aprenda, crezca y viva esa fe. Todos estos aspectos de fe involucran creer las promesas y la verdad que se encuentra dentro de las Escrituras. Este también es el caso en cuanto a guardar el Shabat. Al principio puede ser que usted no entienda la razón de guaradar el Shabat. Todo lo que usted necesita saber es que es un mandamiento que debe de obedecerse. Con el tiempo, a través de su simple obediencia, empezará a ver el propósito – será obvio.

¿Cuántas veces usted como padre ha dicho, o como niño a escuchado lo siguiente: "No importa por qué, solo haga como le digo." El padre sabe por qué le está mandando al niño a hacer algo, pero el niño no siempre entiende el propósito. El niño quiere saber la razón del padre, pero debido a que el niño no es lo suficientemente grande para entender o comprender, el padre desea que el niño simplemente confíe en él o ella. La motivación de los padres es en favor de los mejores intereses del niño, pero el padre no siempre tiene que explicar exhaustivamente su razonamiento. Así es con nuestro Padre Celestial. Él nos ha dado instrucciones que a veces no entendemos. Puede que no siempre tengamos una explicación adecuada de Su propósito y simplemente tengamos que obedecer y confiar porque al hacerlo así somos bendecidos.

Las palabras del profeta Yeshayahu en este asunto son claras: *"**Bienaventurado el hombre que hace esto, y el hijo de hombre que lo abraza; que guarda el Shabat para no profanarlo, y que guarda su mano de hacer todo mal.**"* Yeshayahu 56:2. Hay muchas bendiciones trazadas en las Escrituras por obedecer los mandamientos en general, que incluyen el Shabat. (Devarim 7:12-16; 28:1-14; Vayiqra 26:1-13). Curiosamente, algunas de las bendiciones incluyen bendiciones físicas, un hecho que ha sido respaldado por la ciencia.

Lea lo que una persona tiene que decir acerca de los beneficios de la salud por observar el Shabat. "Dios creó una necesidad de descansar en la estructura misma de nuestro ser. Si la ignoramos, nos enfermamos. Todo trabajo sin distracción nos mata, nos hace apáticos, y nos inquieta. Nos hacemos impacientes, nos enojamos, nos volvemos neuróticos, y angustiados. Nos sentimos manejados por el tiempo y obsesionados con la productividad. El descanso del Shabat también nos puede llenar de tranquilidad en medio de situaciones opresivas. Si se pregunta de dónde viene todo su estrés (y quizás su depresión), considere el balance de su vida. El descanso del Shabat es la mejor prescripción anti-depresiva y anti-ansiedad disponible. Proverbios 14 dice, 'Un corazón apacible es vida para el cuerpo, mas las pasiones son podredumbre de los huesos.' (v.30). El descanso del Shabat es la clave para la tranquilidad. La palabra *tranquil* viene de las palabras Latinas *trans* (más allá de) y quillus (silencio). Una persona tranquila es libre de la agitación exterior y se rige con una calma del más allá que 'es vida para el cuerpo.' En cambio, las pasiones equivocadas 'son podredumbre de los huesos.' Hace que la vida caiga en desorden y se pierda. Las pasiones equivocadas se convierten en trabajo sin diversión, es trabajo sin adoración, se trata de mi persona y no del [Mesías]. Al guardar el Shabat podemos alcanzar un estado de pasión desarraigada y pasión reintegrada por [el Mesías] – una profunda tranquilidad interna sostenida por oración vigilante. Por amor a su salud, guarde el Shabat. Como una persona entonada con Dios, ¡usted vivirá mejor y será mejor!" [68]

También hay maldiciones asociadas con no guardar el Shabat y el castigo por la desobediencia es severo. Lea lo que YHWH le dijo a Mosheh: *"¹³ Tú hablarás a los hijos de Yisrael, diciendo: En verdad vosotros guardaréis mis Shabats; porque es señal entre mí y vosotros por vuestras generaciones, para que sepáis que yo soy YHWH que os santifico. ¹⁴ Así que guardaréis el Shabat, porque santo es a vosotros;* **el que lo profanare, de cierto morirá;** *porque cualquiera que hiciere obra alguna en él, aquella persona será cortada de en* *medio de su pueblo. ¹⁵ Seis días se trabajará, mas el día séptimo es Shabat consagrado a YHWH;* **cualquiera que trabaje en el Shabat, ciertamente morirá.** *¹⁶ Guardarán, pues, el Shabat los hijos de Yisrael, celebrándolo por sus generaciones por pacto perpetuo. ¹⁷ Señal es para siempre entre mí y los hijos de Yisrael; porque en seis días hizo YHWH los cielos y la tierra, y en el séptimo día cesó y reposó."* Shemot 31:13-17.

Note que en un pasaje, la pena de muerte se cita dos veces por profanar el Shabat. La repetición de algo es una manera en la cual las Escrituras enfatizan la importancia de un asunto en particular. Las Escrituras cuentan un ejemplo cuando la pena de muerte es ejecutada realmente en contra de un individuo por profanar el Shabat. *"³² Estando los hijos de Yisrael en el desierto, hallaron a un hombre que recogía leña en Shabat. ³³ Y los que le hallaron recogiendo leña, lo trajeron a Mosheh y a Aarón, y a toda la congregación; ³⁴ y lo pusieron en la cárcel, porque no estaba declarado qué se le había de hacer. ³⁵ Y YHWH dijo a Mosheh: Irremisiblemente muera aquel hombre; apedréelo toda la congregación fuera del campamento. ³⁶ Entonces lo sacó la congregación fuera del campamento, y lo apedrearon, y murió, como YHWH mandó a Mosheh."* Bedidbar 15:32-36.

No se equivoque, esto no fue un accidente. El hombre estaba desobedeciendo voluntariamente, de forma deliberada y agresivamente a YHWH en presencia de la asamblea. Si bien la pena puede que se mire severa por recoger palos, muestra la expectativa que YHWH tiene de aquellos que son una parte de Su Asamblea. Si a usted no le gustan las reglas o desea desobedecerlas, usted no puede morar en el campamento con Elohim y Su pueblo.

El profeta Yirmeyahu le dio una advertencia severa a Yisrael con respecto al Shabat:

²¹ Así ha dicho YHWH: Guardaos por vuestra vida de llevar carga en el Shabat, y de meterla por las puertas de Jerusalén. ²² Ni saquéis carga de vuestras casas en el Shabat, ni hagáis trabajo alguno, sino santificad el Shabat, como mandé a vuestros padres. ²³ Pero ellos no oyeron, ni inclinaron su oído, sino endurecieron su cerviz para no oír, ni recibir corrección. ²⁴ No obstante, si vosotros me obedeciereis, dice YHWH, no metiendo carga por las puertas de esta ciudad en el Shabat, sino que santificareis el Shabat, no haciendo en él ningún trabajo, ²⁵ entrarán por las puertas de esta ciudad, en carros y en caballos, los reyes y los príncipes que se sientan sobre el trono de David, ellos y sus príncipes, los varones de Yahuda y los moradores de Yahrushalayim; y esta ciudad será habitada para siempre. ²⁶ Y vendrán de las ciudades de Yahuda, de los alrededores de Yahrushalayim, de tierra de Binyamin, de la Sefela, de los montes y del Neguev, trayendo holocausto y sacrificio, y ofrenda e incienso, y trayendo sacrificio de alabanza a la casa de YHWH. ²⁷ Pero si no me oyereis para santificar el Shabat, y para no traer carga ni meterla por las puertas de Yahrushalayim en Shabat, yo haré descender fuego en sus puertas, y consumirá los palacios de Yahrushalayim, y no se apagará. Yirmeyahu 17:27.

Como pueden ver, el Shabat es un asunto serio para YHWH: las penas por la desobediencia ascienden a muerte y destrucción. Esta también fue la razón por la que Yahuda fue expulsado de la tierra, porque ellos fallaron en darle a la tierra su descanso Sabático. *"Para que se cumpliese la palabra de YHWH por boca de Yirmeyahu, hasta que la tierra hubo gozado del reposo Sabático; porque todo el tiempo de su asolamiento reposó, hasta que los setenta años fueron cumplidos."* 2 Crónicas (Dibre ha Yamin) 36:21. Al final, la tierra aún descansó lo cual muestra que es mejor simplemente obedecer y recibir las bendiciones que desobedecer y recibir castigo.

Imagínese lo que significa darle a la tierra descanso por un año completo. La bendición residual es que los hombres, las mujeres y los animales no tendrían que trabajar los campos por un año completo. Que bendición y que lección de fe. Al principio, pareciera difícil creer que los hijos de Yisrael no obedecerían este mandamiento pero todo lo que usted tiene que hacer es examinar a la mayoría del pueblo en un período de una semana para entender el problema. Si la gente no puede descansar un día a la semana, ¿cómo van a obedecer el mandamiento con respecto al descanso Sabático de la tierra?

El profeta Ezequiel (Yehezqel)[69] también muestra como el profanar el Shabat fue una razón por la cual Yisrael fue esparcido por todo el mundo. *"[18] Antes dije en el desierto a sus hijos: No andéis en los estatutos de vuestros padres, ni guardéis sus leyes, ni os contaminéis con sus ídolos. [19] Yo soy YHWH vuestro Elohim; andad en mis estatutos, y guardad mis preceptos, y ponedlos por obra; [20] y santificad mis Shabats, y sean por señal entre mí y vosotros, para que sepáis que yo soy YHWH vuestro Elohim. [21] Mas los hijos se rebelaron contra mí; no anduvieron en mis estatutos, ni guardaron mis decretos para ponerlos por obra, por los cuales el hombre que los cumpliere vivirá; profanaron mis Shabats. Dije entonces que derramaría mi ira sobre ellos, para cumplir mi enojo en ellos en el desierto. [22] Mas retraje mi mano a causa de mi nombre, para que no se infamase a la vista de las naciones ante cuyos ojos los había sacado.* ²³ También **les alcé yo mi mano en el desierto, jurando que los esparciría entre las naciones, y que los dispersaría por las tierras,** ²⁴ **porque no pusieron por obra mis decretos, sino que desecharon mis estatutos y profanaron mis Shabats, y tras los ídolos de sus padres se les fueron los ojos."** Yehezqel 20:18-24. Está claro de esta profecía que no obedecer el Shabat es considerado rebelión y profanar el Shabat resulta en castigo.

Esto plantea la pregunta: ¿Por qué YHWH pondría tal énfasis en el Día de Shabat y ejercería tan severo castigo en Sus hijos por profanar el Shabat si Él simplemente planeaba cambiar el día? La respuesta es simple: YHWH no cambio el Shabat. YHWH tiene un plan eterno para Su Shabat. Él provee bendiciones a aquellos que obedecen y maldiciones a aquellos que eligen desobedecer: la elección es suya.

14

Conclusión

Con todos los castigos asociados con profanar el Shabat, la única manera en que los Cristianos pueden justificar su estado perpetuo de desobediencia es de alguna manera justificando el significado del Shabat. He escuchado a algunos Cristianos hacer la declaración profunda de que ellos no observan el séptimo día como el Shabat porque: "cada día es un Shabat." Ellos hacen esta declaración porque esto es lo que se les ha enseñado, pero simplemente no hay fundamento o verdad para esta creencia. Si esa declaración fuera cierta, entonces nadie terminaría ningún trabajo porque se supone que no tenemos que trabajar en el Shabat. Si cada día fuera Shabat, entonces usted tendría que descansar todos los días.

Esta es una falsa doctrina que se remonta a Justin Martyr que en su Diálogo con Trypho ridiculizan a los Yahudim por observar el Shabat semanal al decir: "y ustedes, por estar inactivos un día, supuestamente son piadosos." De acuerdo a Justin "la nueva ley requiere que usted guarde un Shabat perpetuo." Justin fue un filósofo de Platón que se convirtió al Cristianismo y más tarde se consideró a sí mismo un filósofo Cristiano. Él sostenía que las dos escuelas de pensamiento eran en muchas maneras compatibles y sus enseñanzas están influenciadas fuertemente por la filosofía Griega.

La confusión con respecto al Shabat también se deriva de una creencia errada de que el Shabat es simplemente acerca de qué día de la semana adoramos, cosa que no es así. El Shabat es principalmente acerca de descansar y de tener comunión con YHWH y Él nunca dio permiso a ningún hombre a trabajar en este día apartado. De hecho, Él dio el ejemplo: Él descansó. El Shabat nunca fue designado para hacer trabajo común y no hay mención en el Nuevo Testamento acerca de que el Shabat haya sido abolido, cambiado o algo parecido. El Shabat es mencionado en el Nuevo Testamento cincuenta y nueve veces, y siempre con la misma importancia que tenía en el Tanak.

Es fácil ver que el Shabat es muy importante y pertinente para todos los que invocan el Nombre de YHWH. El apartó este día, no como una carga, sino como un tiempo de libertad para adorarle a Él y para buscar Su rostro sin ningún estrés o preocupación que experimentamos en nuestras rutinas diarias. El Shabat no tiene que ser ordinario, es especial y no hay nadie en la tierra que pueda decir que no tuvo tiempo para YHWH porque Él hizo el tiempo para nosotros. Cuando usted empieza a tratar realmente el Shabat como un día apartado y reconoce su significado, usted empezará a experimentar bendiciones increíbles.

En última instancia, Yahushua fue *"hecho Sumo Sacerdote para siempre según el orden de Melquisedec"* (Ibrim 6:20) y como Sumo Sacerdote Él ofrece Su propia sangre que es capaz de *"¡limpiar nuestras conciencias de obras muer-*

tas para que sirvamos al Elohim viviente!" Ibrim 9:14. Si usted es un seguidor de Yahushua, entonces usted es un sacerdote según el orden de Melchizedek (Apocalipsis 1:6; 1 Kefa 2:9). Los sacerdotes deben de aprender a distinguir entre lo santo (קדש) y lo profano.

Lea lo que el profeta Yehezqel profetizó con respecto a los líderes malvados de Yisrael. *"Sus sacerdotes violaron Mi Torá, y contaminaron mis santuarios;* **entre lo santo y lo profano no hicieron diferencia, ni distinguieron entre inmundo y limpio; y de mis Shabat apartaron sus ojos, y yo he sido profanado en medio de ellos."* Yehezqel 22:26.

Note de este pasaje que YHWH mismo es profanado entre ellos porque los sacerdotes no distinguieron entre lo santo y lo profano, no hicieron la diferencia entre lo limpio y lo inmundo y apartaron sus ojos de los Shabats de YHWH. La muerte y resurrección del Mesías no cambió estas importantes distinciones. Si usted quiere servir como un sacerdote, usted debe limpiarse y mantenerse limpio. Si usted deliberadamente hace caso omiso de los mandamientos de YHWH, incluyendo profanar el Shabat, será descalificado del servicio.

Lamentablemente, he escuchado a algunos maestros y predicadores Cristianos hablar con desdén acerca de los "guardadores del Shabat." Ellos ignorantemente predican que aquellos que honran el Shabat están poniéndose a sí mismo "bajo la ley" y están cayendo "en esclavitud".[70] Me acongojo por estos falsos profetas porque su futuro guarda una cierta expectativa de juicio basada en la siguiente declaración de Yahushua: *"De manera que cualquiera que quebrante uno de estos mandamientos muy pequeños, y así enseñe a los hombres, muy pequeño será llamado en el reino de los cielos."* Mattityahu 5:19

Los maestros cargan una gran responsabilidad y se la deben a sí mismo y a aquellos a quienes enseñan para hacer lo correcto. Eso por eso que Ya'akov declaró, *"Hermanos míos, no os hagáis maestros muchos de vosotros, sabiendo que recibiremos mayor condenación."* Ya'akov 3:1. No puedo imaginarme como será ese día cuando tantos maestros y predicadores se pararán delante de Yahushua y tratarán de explicar porque llevaron por mal camino a Su rebaño y llevaron a Sus ovejas en dirección opuesta de Su Torá y de Sus mandamientos enunciados. Estoy seguro de que van a tratar de contar todas sus maravillosas obras que hicieron en "Su Nombre" pero eso no será suficiente (Mattityahu 7:21-23). Que día más terrible y espantoso que será para muchos (Ibrim 10:31).

En ese sentido, vamos a ver un pasaje de Vayiqra que provee dirección con respecto a ciertos asuntos, incluyendo el Shabat, y determina como el típico maestro Cristiano respondería con respecto a esos asuntos. *"²⁹ No contaminarás a tu hija haciéndola fornicar, para que no se prostituya la tierra y se llene de maldad. ³⁰ Mis Shabats guardaréis, y mi santuario tendréis en reverencia. Yo YHWH. ³¹ No os volváis a los encantadores ni a los adivinos; no los consultéis, contaminándoos con ellos. Yo YHWH vuestro Elohim. ³² Delante de las canas te levantarás, y honrarás el rostro del anciano, y de tu Elohim tendrás temor. Yo YHWH."* Vayiqra 19:29-32

Estos pasajes de la Torá proveen instrucción en una variedad de asuntos: 1) dar su hija en prostitución; 2) guardar el Shabat y reverenciar el santuario; 3) huir de encantadores y adivinos; y 4) honrar a los ancianos. Si usted le pregunta a un maestro Cristiano si debemos de obedecer el mandamiento que nos instruye a no dar a nuestros hijos a la prostitución, la respuesta sería sin duda: "sí." Si usted le pregunta a un maestro Cristiano si debemos de obedecer el mandamiento que nos instruye a huir de los encantadores y adivinos, la respuesta sería sin duda: "sí." Si usted le pregunta a un maestro Cristiano si debemos de obedecer el mandamiento que nos instruye a honrar a los ancianos, la respuesta sería sin duda: "sí."

Curiosamente, si usted le pregunta a un maestro Cristiano si debemos de obedecer la instrucción con respecto al Shabat, la respuesta no sería tan sencilla. Usted puede obtener respuestas como "no" o "el Shabat es para los Judíos" o "el Shabat fue cambiado" o "no estamos bajo la Ley." Podría continuar una y otra vez demostrando que la Torá da instrucciones muy básicas y beneficiosas para una vida recta y no es una carga pero no voy a insistir en el punto. Espero que este ejemplo demuestre que tan incompatible e ilógico es el Cristianismo en el tema del Shabat.

Sea que usted elija reconocer el Shabat o no, eso no cambia el hecho de que aun existe y que todos tendrán que dar cuentas al final con respecto a la actitud y a su trato del Shabat. Una vez que usted descubre la verdad con respecto al Shabat, su respuesta es crítica. Si usted es culpable de profanar el Shabat, es importante que se arrepienta y luego obedezca los mandamientos al observar el Shabat. No hay nada que usted pueda hacer acerca del hecho de que usted haya sido engañado toda su vida. Lo importante es que usted demuestre que tiene un corazón para obedecer una vez que le hayan mostrado la verdad.

El guardar el Shabat es simplemente un asunto de obediencia, no es legalismo en el sentido negativo que la mayoría de Cristianos lo expone. Si usted lo observa como el Judaísmo lo observa con cientos de reglas y regulaciones entonces usted ha caído en legalismo. Si por otro lado, usted sigue los mandamientos básicos que se encuentra en las Escrituras, entonces usted simplemente está siendo un siervo obediente. El igualar la obediencia con la esclavitud o con legalismo enfermizo es simplemente tonto, y manifiesta un entendimiento inmaduro del Creador.

Guardar el Shabat es una demostración de su confianza y fe en el Verdadero Elohim – Aquel Que Hizo el Shabat. Esto significa que usted cree en el Creador del Universo y que usted confía en Su Palabra. Al honrar el Shabat, usted honra a YHWH y, en este día y en esta era, lo separa del resto del mundo que profana el Shabat. Demuestra que usted sirve, obedece y sigue al Creador del Universo, que también descansó en ese día.

Guardar el Shabat también demuestra que creemos en Sus promesas y que le creemos a Él. Muchas veces estamos tan ocupados que tenemos tantas cosas por terminar que pareciera imposible poner de lado todas nuestras obligaciones y deseos por un día, especialmente el Sábado. En Estados Unidos, y en la mayoría de culturas occidentales, todo está abierto el Sábado y muchas actividades están programadas para el Sábado. Está reconocido nacionalmente como el día "de diversión" porque podemos hacer lo que queramos después de una semana de trabajo ocupada.

Debido a nuestros hábitos y tradiciones, no siempre es fácil abstenernos de nuestras actividades y descansar en Shabat. Algunos de nosotros tenemos tanto trabajo que hacer que no podemos imaginarnos tomar un día entero para hacer nada – ¡Que improductivo! – Sin embargo, esto es exactamente lo que YHWH espera de nosotros. Es por eso que Él le enfatizó a los Yisraelitas: *"Seis días trabajarás, mas en el séptimo día descansarás; aun en la arada y en la siega, descansarás."* Shemot 34:21. En otras palabras, incluso en su temporada alta, el tiempo más importante del año, ellos debían de poner todo su trabajo a un lado y guardar el Shabat.

Al guardar el Shabat estamos mostrando una disposición al poner los mandamientos y los asuntos de YHWH por encima de nuestros propios intereses o los intereses de nuestra familia o amigos. En esencia, el Shabat es una prueba semanal de nuestro corazón hacia YHWH. Es un calibrador que demuestra donde nos encontramos delante de Él. El espectro de este calibrador se extiende de un deliberado, voluntario y completo rechazo del Shabat, que resulta en maldiciones, separación y muerte, a una reverencia absoluta por el Shabat, una sumisión a la voluntad de YHWH y una inmersión en su presencia en Su día apartado, que resulta en bendición y vida.[71] La elección parece fácil para mí. Deberíamos examinar nuestras propias vidas y deberíamos considerar en oración cualquier cambio necesario que debe de hacerse para acercarnos más a Él y a Su voluntad.

El Shabat estaba destinado a ser una bendición para cada Creyente y para sus familias. Nos acerca a nuestro Creador, a nuestra familia e incluso hay beneficios para la salud asociados con descansar en el Shabat.[72] No es una carga, es verdadera libertad. Cuando empecé a observar el Shabat, no siempre fue fácil pero a medida que continué obedeciendo empecé a esperar por el día con ansiosa anticipación porque sabía que me aguardaba esa bendición. Animo a cada lector a empezar a obedecer para que usted también pueda aprender la importancia de este día y las bendiciones asociadas con guardar los mandamientos.

Lea lo que el profeta Yeshayahu tiene que decir acerca del verdadero significado y propósito del Shabat. *"[13] Si retrajeres del Shabat tu pie, de hacer tu voluntad en mi día santo, y lo llamares delicia, santo, glorioso de YHWH; y lo venerares, no andando en tus propios caminos, ni buscando tu voluntad, ni hablando tus propias palabras, [14] entonces te deleitarás en YHWH; y yo te haré subir sobre las alturas de la tierra, y te daré a comer la heredad de Ya'akov tu padre; porque la boca de YHWH lo ha hablado."* Yeshayahu 58:13-14. ¿Puede ver lo que YHWH tiene guardado para aquellos que le adoran en espíritu y en verdad y para aquellos que le obedecen en espíritu y en verdad – es todo lo bueno.

Es importante reiterar que la Torá no fue dada a esclavos, fue dada a gente libre y fue destinada para gente libre. De hecho, el mandamiento con respecto al Shabat específicamente declara *"Acuérdate que fuiste siervo en tierra de Egipto, y que YHWH tu Elohim te sacó de allá con mano fuerte y brazo extendido; por lo cual YHWH tu Elohim te ha mandado que guardes el Shabat."* Devarim 5:15. Se nos recuerda de la esclavitud pasada de Yisrael a medida que guardamos el Shabat como gente libre. A los Yisraelitas no se les permitía guardar el Shabat cuando eran esclavos. En otras palabras: **No eran libres para obedecer.** La pregunta que le planteo al lector es esta: ¿Es usted libre para obedecer o es usted un esclavo para su familia, sus costumbres o tradiciones culturales o religiosas que le prohíben ser obediente? El Shabat es un regalo de YHWH para un pueblo que había sido liberado de la esclavitud.

La conclusión es que aquellos que creen que el Shabat fue cambiado al Domingo casi nunca guardan correctamente el Domingo como el Shabat. Lo más probable es que ellos continúan cocinando, comprando, vendiendo y haciendo quehaceres de la casa, entre otras cosas. Si bien ellos asisten a un culto de adoración, eso no es, por sí mismo, Al guardar apropiadamente el Shabat. El Shabat nunca fue cambiado por YHWH, solo por hombres que erradamente dicen tener la autoridad de alterar Sus mandamientos. Ningún hombre o institución tiene tal autoridad y es tiempo que los Cristianos admitan que ellos han heredado mentiras, y cosas inútiles e improductivas. (Yirmeyahu 16:19-20).

Innumerables Cristianos han sido engañados con respecto al Shabat y ahora necesitan reajustar su pensamiento y comportamiento. La observancia del Shabat es una señal al mundo que usted es uno de los Redimidos que es apartado para YHWH y se aferra a Su pacto. Proporciona descanso, renovación, refrescamiento y comunión con YHWH y es una parte continua e integral del pacto renovado introducido por Yahushua el Mesías. Por lo tanto, si usted quiere ser parte de ese pacto entonces el Shabat necesita ser parte de usted. ¡Shabat Shalom!

Notas Finales

1. Dispensacionalismo en su forma popular más reciente derivado principalmente del movimiento de la Escuela Bíblica en los Estados Unidos y de la Biblia Scofield. El dispensacionalismo promueve el reemplazo de lo "viejo" con lo "nuevo". Enseña que la "iglesia" ha reemplazado a Yisrael y que la gracia ha reemplazado a la "ley" entre otras cosas. Esta doctrina no tiene respaldo en las Escrituras y es meramente una manera para que los hombres puedan explicar los cambios que han ocurrido dentro del Cristianismo en los últimos dos mil años. Es una doctrina muy peligrosa que ha pervertido a la mayoría de Cristianos modernos. Lo llamo peligroso porque distorsiona completamente el plan del Creador del Universo como se describe en las Escrituras y realmente altera la manera en que la gente lee las Escrituras. Justifica el desenfreno al promover la abolición de los mandamientos. Enseña que los mandamientos eran solo para los "Judíos" dejando el Cristianismo en un dilema porque el Mesías Que es la "Palabra Que Se Hizo Carne" obedeció los mandamientos e instruyó a aquellos que le amaban a obedecer Sus mandamientos que no son solamente amarse los unos a los otros como se enseña comúnmente. (Juan 14). De hecho, Él específicamente dijo que Él no vino a abolir la "Ley." (Mateo 5:17). El dispensacionalismo se discute de manera más detallada en el libro titulado "La Ley y La Gracia" de la Serie de Caminando en la Luz.

2. YHWH es la traducción inglesa del tetragramatón Hebreo (יהוה) que es el Nombre del Creador del Universo. Una discusión detallada del Nombre se encuentra en el libro titulado "Nombres" de la Serie de Caminando en la Luz.
3. Elohim (אלהים) es la palabra Hebrea correcta que muy a menudo se traduce como "Dios" y se refiere al Creador del Universo descrito en las Escrituras Hebreas y Cristianas.
4. La Torá (תורה) son los primeros cinco libros de las Escrituras Hebreas y Cristianas. Fue escrita por Moisés (Mosheh) y se refiere a menudo a "La Ley" en muchas Biblias modernas en Español. La ley es una palabra muy dura y fría que muy menudo resulta en la Torá que se confunde con las leyes, costumbres y tradiciones de los líderes religiosos así como las leyes de países particulares. La Torá se define con mayor precisión como la "instrucción" de YHWH para Su pueblo apartado. La Torá contiene instrucciones para aquellos que desean vivir de una manera recta, con vidas apartadas de acuerdo con la voluntad de YHWH. A diferencia de la creencia popular, la gente puede obedecer la Torá. (Devarim 30:11-14). Son los millares de regulaciones, costumbres y tradiciones que los hombres le adhieren a la Torá lo que hace imposible y gravoso que la gente obedezca. Los nombres de los cinco diferentes "libros" están transliterados de sus nombres Hebreos propios de la siguiente manera: Génesis – Beresheet, Éxodo – Shemot, Levítico – Vayiqra, Números – Bemidbar, Deuteronomio – Devarim.

5. Mosheh (משה) es la transliteración correcta para el nombre del Patriarca comúnmente llamado Moisés.
6. El uso de la palabra "antiguo" para describir la Torá y otros escritos ha reforzado las doctrinas de los hombres tal como Marcion que enseñó que el "Dios" del "Antiguo Testamento" es diferente del "Dios" del "Nuevo Testamento". La impresión que se da es que el "nuevo" es mejor que el "viejo" y que el "nuevo" incluso ha reemplazado al "viejo". Esta es una enseñanza muy peligrosa y ni que decir – falsa. Para evitar los problemas asociados con esta contradicción de "viejo" versus "nuevo", yo uso el acrónimo Hebreo acostumbrado Tanak cuando me refiero específicamente a las Escrituras del "Antiguo Testamento" y uso el término de Escrituras Mesiánicas cuando me refiero específicamente a las Escrituras del "Nuevo Testamento". El Tanak consiste de la Torá (Cinco Libros de Mosheh), Nebi'im (Profetas) y los Ketubim (Escritos), por lo tanto el acrónimo TNK se pronuncia ta-nac. Si bien mucho del Tanak, por no decir todo, trata del Mesías de una manera u otra, las Escrituras Mesiánicas detallan específicamente el ministerio del Mesías y por lo tanto creo que, aunque no sea perfecto, presenta el punto de una manera más significativa. Para una discusión más profunda en este asunto, mire el libro titulado "Las Escrituras" de la Serie de Caminando en la Luz.
7. Yisrael es la transliteración inglesa para la palabra Hebrea ישראל comúnmente deletreada como Israel.
8. Egipto es la palabra moderna usada para describir la tierra habitada por los descendientes de Mitsrayim,

que era el hijo de Ham (Bereshit 10:6). Por lo tanto, a través de este texto la palabra Mitsrayim será usada en lugar de la palabra en español de Egipto ya que es la forma en que se representa en la Torá.

9. Ya'akov es una transliteración correcta para el nombre que a menudo se llama Jacob en Español, el mismo nombre del patriarca del cual su nombre fue cambiado a Yisrael y que fue padre de las Tribus de Yisrael. También es el nombre Hebreo correcto del Discípulo tradicionalmente llamado Santiago.

10. Ver Números (Bemidmar) 2:1 - 2:34. La Torá habla extensivamente acerca del forastero, del invitado, del extranjero y del peregrino a menudo llamado el ger (גר) y del towshab (תושב) y continuamente hace provisión para ellos. Siempre hubo forasteros y peregrinos viviendo con Yisrael y uno de los propósitos principales de Yisrael además de su ministerio a YHWH fue su ministerio al forastero, no solo para guiarlos a YHWH sino para incorporarlos a la Nación si la persona decidía que fuera así y estaba dispuesto a obedecer los Mandamientos. Este tema se describe con mayor detalle en el libro titulado "El Redimido" de la Serie de Caminando en la Luz y es vital entender este asunto para evitar la falsa doctrina de la Teología del Reemplazo y otras creencias que continuamente separan y dividen a los Creyentes en categorías tales como "Judíos" y "Gentiles". Un Gentil era alguien fuera de la Asamblea de Yisrael, a menudo llamado pagano. Cuando una persona se convierte en un Redimido, se injerta en Yisrael y ya no es apropiado llamarlo Gentil. Del mismo modo, incluso si

una persona es un descendiente genético de Ya'akob, y se hace llamar "*Judío*", él no es parte de Yisrael a menos que sea uno de los Redimidos y obedezca la Torá. El Mesías vino a unir, no a dividir Su Asamblea en sub categorías basadas en legado genético.

11. Las palabras "*Judíos*," y "*Judío*" están en cursiva porque son términos ambiguos y algunas veces derogatorios y erróneos. En la época moderna, estas expresiones son algunas veces usadas para describir a todos los descendientes de Ya'akov mientras que otras veces las palabras describen adherentes a la religión del Judaísmo. Los términos se aplican comúnmente a los Yisraelitas antiguos así como a los descendientes modernos de esas tribus, sin importar si son ateos, Ortodoxos, Mesiánicos, Cristianos, etc. En otras palabras, la palabra se ha secularizado y muy a menudo no tiene nada que ver con la condición espiritual de la persona y se basa solamente en su linaje genético. Esto es exactamente lo opuesto a lo que significó ser un Yisraelita que dependía de su obediencia y sumisión al Elohim de Yisrael, YHWH; y no tenía nada que ver con la genética. Cualquiera podía unirse a Yisrael si demostraba su fe en YHWH al obedecer Sus mandamientos. La palabra "*Judío*" originalmente se refería a un miembro de la tribu de Judá (Yahuda) o una persona que vivió en la región de Judea. Después de los diferentes exilios de la Casa de Yisrael y de la Casa de Yahuda, fueron los Yahudim los que regresaron a la tierra mientras que la Casa de Yisrael fue dispersada hasta los confines de la

tierra (Yirmeyahu 9:16). Ya que los Yahudim representaban a los descendientes reconocidos de Ya'akov, ellos vinieron a representar a Yisrael y con el tiempo, con el Reino de Yisrael en exilio, los Yahudim vinieron a representar a Yisrael y así el término "Judío" fue usado para describir a un Yisraelita. Si bien esta etiqueta se hizo muy común y acostumbrada, no es precisa y es la causa de una confusión tremenda. Este tema se describe con mayor detalle en el libro titulado "El Redimido" de la Serie de Caminando en la Luz.

12. Jamieson, Fausset, y el comentario de Brown.
13. Yeshayahu (ישעיהו) es la transliteración correcta para el profeta llamado comúnmente como Isaías. Su nombre significa: "Yah salva." Siendo Yah la forma poética corta del Nombre de YHWH.
14. El Nombre Hebreo correcto del Mesías comúnmente llamado Jesús, es Yahushua (יהושע). Es el mismo Nombre del Patriarca Hebreo llamado comúnmente como Joshua y significa "Yah es salvación". Este tema se discute con mayor detalle en el libro titulado "Nombres" de la Serie de Caminando en la Luz.
15. La descripción correcta del lugar donde YHWH habita es La Casa de YHWH o más bien Beit HaMikdash, La Casa Apartada. En ningún lado en la Torá usted encontrará la palabra "templo". De hecho, la Casa de YHWH solo se llama Templo en ciertas traducciones después que Salomón construyera su Casa en el Monte Moriah. La palabra que se traduce a menudo como "templo" es beit (בית) que simplemente significa "casa". Si bien el

templo es a menudo asociado con el lugar donde los paganos adoran sus deidades, yo prefiero evitar la palabra cuando sea posible.

16. Yahonatan es una transliteración del nombre del discípulo llamado a menudo Jonathan o Juan. Su nombre significa "Yah ha dado." El nombre también puede ser transliterado como Yahanan.

17. Me refiero a Yahushua al usar una forma de la palabra Hebrea mashiach (משיח) que se traduce como Mesías y significa "ungido". Cuando usted se refiere a Yahushua como El Mesías, no hay duda de lo que quiere decir, especialmente del contexto de las Escrituras Hebreas. La palabra "Cristo " es un término Griego que también significa "ungido" pero se aplica a cualquier cantidad de sus dioses paganos. Por lo tanto, el título Mesías parece más apropiado cuando se refiere al Mesías Hebreo.

18. La correcta transliteración Hebrea para la Ciudad comúnmente llamada Jerusalén es Yahrushalayim (ירושלם). No hay sonido de "j" en Hebreo y la mayoría del tiempo cuando mire una ortografía en Español con una "j", debería de ser un sonido de "y".

19. De acuerdo al sitio web UMJC: "Criterios para el fletamento de Congregaciones Judío Mesiánicas, compañerismo y ministerio no-congregacionales: 2. La congregación que aplica debe tener al menos 10 miembros Judío Mesiánicos* (Por definición, un Judío Mesiánico es una persona Judía que se ha arrepentido y ha recibido al Mesías Yeshua como su expiación personal.)" Ver www.umjc.org/main/docs/standards.aspx. Per-

sonalmente considero que esto es inquietante porque continúa la política errada y divisoria de separar a los Creyentes basados en su genética. Si una asamblea tiene menos de 10 conversos genéticamente "Judíos" entonces no pueden unirse al Sindicato de Congregaciones Judías Mesiánicas. ¿De dónde sacaron los 10? Se podría especular, pero pareciera que viene de la tradición Judía Rabínica que requiere un esbirro (también minián) de 10 o más personas para la recitación de las oraciones diarias o Sabáticas. Esto es Judaísmo Rabínico modificado y separa y divide en vez de restaurar y unificar a la Asamblea. La implicación es que una reunión de oración es solamente legítima si hay 10 "Judíos" presentes. Si bien puedo entender el deseo de UMJC de unir y motivar a los Creyentes "Judíos", sus políticas de exclusión puede que terminen dañando al final al separar el Cuerpo del Mesías así como las denominaciones lo han hecho en el Cristianismo.

20. Los moadim se discuten con mayor detalle en el libro titulado "Fiestas Solemnes" de la Serie de Caminando en la Luz.

21. Una discusión detallada de la identidad de los Redimidos de YHWH se puede encontrar en el libro titulado "El Redimido" de la Serie de Caminando en la Luz. Una de las mayores tragedias cometidas por el Cristianismo es una doctrina conocida como la Teología del Reemplazo que enseña que los Cristianos han reemplazado a Yisrael. Esto simplemente no es verdad como se puede ver mediante una examinación final de los primeros

Creyentes que eran Hebreos que se mantuvieron como Yisraelitas. Ellos no se "convirtieron" al Cristianismo cuando creyeron en Yahushua, en realidad se convirtieron en una secta de Yisraelitas llamada El Camino, entre otras etiquetas.

22. El pacto renovado, a menudo llamado el "Nuevo Pacto" no es en verdad tan nuevo. De hecho, usted tiene que buscar en el Tanak para encontrar los términos de este pacto que se establecen por el Profeta Yirmeyahu de la siguiente manera: *"³¹ He aquí que vienen días, dice YHWH, en los cuales haré nuevo pacto con la casa de Israel y con la casa de Judá. ³² No como el pacto que hice con sus padres el día que tomé su mano para sacarlos de la tierra de Mitsrayim; porque ellos invalidaron mi pacto, aunque fui yo un marido para ellos, dice YHWH. ³³ Pero este es el pacto que haré con la casa de Yisrael después de aquellos días, dice YHWH: **Daré mi Torá en su mente, y la escribiré en su corazón; y yo seré a ellos por Elohim, y ellos me serán por pueblo.** ³⁴ Y no enseñará más ninguno a su prójimo, ni ninguno a su hermano, diciendo: Conoce a YHWH; porque todos me conocerán, desde el más pequeño de ellos hasta el más grande, dice YHWH; porque perdonaré la maldad de ellos, y no me acordaré más de su pecado."* Yirmeyahu 31:31-34. La palabra Hebrea a menudo traducida como "Nuevo" es chadash (חדשה) que significa "fresco" o "renovado". Este pacto fue hecho con Yisrael, no con "La Iglesia". Los pactos que se encuentran en las Escrituras se tratan con detalle en el libro de "Pactos" de la Serie de Caminando en la Luz.

23. Mattityahu es la traducción correcta para el nombre del discípulo comúnmente llamado Mateo. Su nombre significa: "Regalo de Yah".

24. Esta Escritura confunde a los Cristianos por dos razones. Primero, los instruye a orar para que su huida no ocurra en un día que ellos ni siquiera observan. Segundo, habla acerca de que ellos huyen de la tribulación cuando muchos creen que van a ser "raptados" antes de sufrir incomodidades. La doctrina falsa del rapto pre-tribulación se discute con mayor detalle en el libro titulado "El Shofar Final."

25. Mientras la mayoría del mundo calcula el principio de un nuevo día después de la media noche, el día Escritural inicia después de la puesta del sol. Es por esto que la gente a menudo tiene problema al entender ciertas ocurrencias tales como la resurrección del Mesías en el Shabat en vez del Domingo.

26. Esta es la diferencia entre practicar una religión y obedecer la Torá. El Judaísmo Rabínico ha creado oraciones extensas y tradiciones para cada aspecto de la vida. Si bien algunas pueden ser útiles e instructivas, también pueden crear cargas sobre los adeptos similares a aquellas descritas por el Mesías cuando Él reprendió a los Fariseos. (Lucas 11:46). Siempre es importante recordar la simplicidad de la Torá y el hecho de que no es tan difícil obedecer los mandamientos (Devarim 30:11) aunque los hombres lo hagan muy a menudo imposible.

27. Todos los moadim que se encuentran en Vayiqra 23 son ensayos que tienen por objeto enseñarnos el plan de YHWH y ayudarnos a prepararnos para la

venida del Mesías. Estamos continuamente instruidos en las Escrituras a vigilar y orar. Si usted entiende y observa las Fiestas Solemnes, usted sabrá a qué estar atento y estará preparado a Su venida.

28. Hoy en día usamos libros en forma de códigos que están ligados a un lomo y generalmente están escritos en ambas páginas. Al usar la palabra "libro" creamos una imagen mental con respecto a los manuscritos que puede que no sea exacta. Los manuscritos como la Torá y otros escritos en el Tanak fueron escritos en rollos, así que en vez de libros con palabras, es más preciso referirse al rollo o al sefer (ספר) cuando nos referimos a estos manuscritos antiguos.

29. Nehemyah es la traducción correcta para el nombre comúnmente deletreado Nehemías que significa: "Yah consuela" o "consuelo de Yah."

30. La Fiesta de Sukkot ocurre en lo que comúnmente se refiere al Otoño, aunque la Tierra de Yisrael solo tiene dos temporadas, verano e invierno. Aquí es donde tenemos la distinción entre la lluvia temprana y tardía. La lluvia temprana ocurre durante la cosecha del verano y consta de la cosecha de la cebada durante el mes de aviv (אבב) que coincide con Pesaj (Pascua) y la cosecha del trigo durante Shavuot (Pentecostés). La cosecha tardía incluye uvas e higos entre otras cosas y la gente traería su vino nuevo, sus uvas e higos a Yahrushalayim como sus primicias durante la Fiesta de Sukkot. Todos estos moedim y los cultivos asociados con ellos son importantes al entender las Escrituras y las profecías

concernientes a los días venideros. Estos temas se discuten a fondo en el libro titulado "Fiestas Solemnes" de la Serie de Caminando en la Luz.

31. Una discusión con respecto al tema del tiempo de la crucifixión y resurrección de Yahushua se discute en el libro titulado "Fiestas Solemnes" de la Serie de Caminando en la Luz así como en el libro titulado "Fiestas Paganas" también de la Serie de Caminando en la Luz.

32. La palabra sinagoga es una traducción Griega de la palabra Hebrea Beit K'nesset (Casa de Asamblea) que algunos hayan muy frío. Algunos prefieren usar la palabra shul que es Yiddish y se deriva de la palabra Alemana para escuela y enfatiza el estudio que toma lugar allí dentro. "Los Ortodoxos y los Chasidim típicamente usan la palabra "shul" mientras que los Judíos Conservadores usualmente usan la palabra "sinagoga", que es en realidad una traducción Griega de Beit K'nesset y significa "lugar de asamblea" (está relacionada a la palabra "synod"). Los Judíos Reformados usan la palabra "templo," porque consideran que cada uno de los lugares de reunión es equivalente, o un reemplazo del Templo." www.shomairyisrael.org.

33. Muchas traducciones modernas en inglés usan la frase "Señor del Shabat." La palabra Griega que se traduce a menudo como señor es kurios (κύριοσ) que significa "uno que está en autoridad superior, un amo, señor". Debido al uso excesivo de la palabra "señor", su reemplazo incorrecto del Nombre Verdadero del Creador y su relación con la adoración a Baal, prefiero usar el término Amo. Pa-

ra una discusión más detallada del uso de la palabra "señor" en las Escrituras ver el libro titulado "Nombres" de la Serie Caminando en la Luz.

34. Kefa es la transliteración correcta para el nombre del discípulo comúnmente llamado Pedro.

35. Cálculos modernos de algunos utilizando modelos generados por computadora han determinado que la fecha de nacimiento verdadera del Mesías es el 23 de Setiembre del año 3 A.C. en el Calendario Gregoriano que fue el 15 de Tishri de 3998 de acuerdo al Calendario Escritural. Esta fecha está confirmada por las Escrituras y el mes de Tishri es el séptimo mes del año Escritural. Para más información en el nacimiento de Yahushua ver el libro titulado "Fiestas Solemnes" de la Serie de Caminando en la Luz.

36. El Séptimo mes contiene las Fiestas Solemnes referidas comúnmente como "las Fiestas del Otoño." Estas fiestas solemnes incluyen el Día de Trompetas, el Día de Expiación y Sukkot (La Fiesta de Tabernáculos). Estas son sombras proféticas o ensayos de cosas que vendrán e incluirán el regreso del Mesías, Juicio, y a Él morando (haciendo tabernáculo) con Su pueblo. El profeta Zekaryah dice que Sukkot será observado de año a año a través del reino del milenio. (Zekaryah 14:16). Estas Fiestas Solemnes se discuten con mayor detalle en el libro titulado "Fiestas Solemnes".

37. Ver Zekaryah 14:9; Yeshayahu 24:23; Daniel 2:44; Apocalipsis 11:15.

38. El *libro Judío del Porqué*, Alfred J. Kolatch, Penguin Group (2000) p.173.

39. Algunos creen que como resultado de este pasaje, los conversos Gentiles solo tenían que obedecer cuatro mandamientos específicos; pero claramente esa no es la intención del pasaje. El Consejo de Yahrushalayim se reunió para discutir cómo hacerle frente a la entrada de Gentiles que se convertían a la fe, que, después de la salvación a través de la gracia, requerían una vida recta de acuerdo con la Torá. Debido a que la Torá era probable que fuera extraña para los paganos que entraban en la fe, los Ancianos proporcionaron una guianza inicial con el supuesto que los convertidos guardarían el Shabat, asistirían a la sinagoga y escucharían, aprenderían y obedecerían la Torá. Este tema se discute detenidamente en el libro titulado "La Ley y La Gracia" de la Serie de Caminando en la Luz.
40. Yirmeyahu es la transliteración correcta para el profeta comúnmente llamado Jeremías. Su nombre significa: "Yah se levantará o exaltará."
41. Shaul (sha ool) es la transliteración correcta para el nombre del apóstol comúnmente llamado Pablo.
42. *Las Escrituras*, Instituto para la Investigación de las Escrituras (1998) Página 1164.
43. *Comentario Judío del Nuevo Testamento*, David H. Stern, Publicaciones Judías del Nuevo Testamento, Inc., 1992, Página 434.
44. *Un Comentario en las Raíces Judías de Romanos*, Joseph Shulam, Publicaciones Mesiánicas Judías, 1997, Pagina 461.
45. *Descanso Divino Para la Intranquilidad Humana*, Apéndice – Del Shabat al Domingo, Dr. Samuele Bacchiocchi, Perspectivas Bíblicas 2002.

Una revisión de la historia Cristiana revela que muchos eventos y enseñanzas no bíblicas han salido de Antioquía. Por lo tanto las acciones y las enseñanzas de los creyentes en esa ciudad no tienen que ser necesariamente toleradas solo porque sucedieron hace cientos de años. Uno de los líderes más elocuentes de la Cristiandad, el obispo John Chrysostom "La Boca Dorada" salió de Antioquía. El era un anti semita descarado y dio ocho sermones bajo el título de "En Contra de los Judíos." Parece que muchas de las prácticas y de los edictos que salieron de Antioquía tenían la intención de separar a los Conversos Gentiles de sus hermanos Hebreos. Por lo tanto el hecho de que ellos se llamaran primeramente "Cristianos" en Antioquía no es necesariamente una declaración positiva o una confirmación del título "Cristiano" especialmente a la luz del hecho de que "Cristo" no es una palabra Hebrea y era utilizada a menudo por los paganos para referirse a sus deidades. Es importante entender el efecto poderoso que la cultura Greco-Romana tenía en el Cristianismo primitivo, especialmente dentro de la asamblea primitiva. Cualquiera pensaría que debido a que ellos estaban más cercanos en el tiempo al ministerio físico del Mesías, tendrían una doctrina más pura, sin mancha de las muchas doctrinas falsas que han permeado la religión a lo largo de los siglos, pero esto simplemente no es así. Muchos de los creyentes primitivos eran paganos antiguos que vivían en una sociedad Helenista que a menudo influenciaban sus acciones y pensamientos. Es importante recordar que estas personas eran humanas y estaban sujetas a influencias malignas tanto como lo están los Cristianos al día de hoy. Por lo tanto es importante pesar las cosas sea que fueran escritas ayer o hace dos mil años.

46. *Precursores y Rivales del Cristianismo*, Legge, pp. 132-133.
47. *Salid de Ella Pueblo Mío*, Koster, C.J., Instituto de Investigación de la Escritura (1998) p. 16.
48. *La Historia de la Teología Cristiana*, Roger E. Olson, InterVarsity Press 1999, p. 138.
49. *Salid de Ella Pueblo Mío* en la p. 14.
50. A. de A. Paiva, O Mitraismo, p. 3.
51. La palabra "iglesia" es una palabra creada por el hombre asociada especialmente con la religión Católica y Cristiana. En ese contexto está destinada a describir el cuerpo corporativo de la fe. Se utiliza en la mayoría de las Biblias modernas como una traducción de la palabra Griega ekklesia (εκκλεσια) que simplemente significa "asamblea." No necesariamente tiene una connotación religiosa como puede ver en Hechos 19:39-41 donde la palabra ekklesia fue usada para referirse a los tribunales y también a la turba desenfrenada que estaba acusando a algunos de los discípulos. Cuando se aplica a los Creyentes se refiere a la "llamada asamblea de YHWH." La palabra "iglesia" se deriva de los orígenes paganos y su mal uso es parte del problema asociado con la Teología del Reemplazo que enseña que la "Iglesia" ha reemplazado a Yisrael, que en Hebreo se llama la qahal (קהל): "la llamada asamblea de YHWH." Por lo tanto, la *qahal* Hebrea y la *ekklesia* Griega representan lo mismo cu-

ando se refiere a los Creyentes: La Comunidad de Yisrael. Por lo tanto, el uso continuo de la palabra "iglesia" es divisivo, confuso y simplemente incorrecto. Este tema se describe con mayor detalle en el libro titulado "El Redimido" de la Serie de Caminando en la Luz.

52. *La Conversión del Catecismo de la Doctrina Católica*, Peter Geirmann, C.S.S.R., (1957), p. 50.
53. *La Fe de Nuestros Padres*, James Cardinal Gibbons, edic. 88, p. 89.
54. *El Registro Católico*, London, Ontario, Canadá, 1 de septiembre, 1923.
55. *Prensa Católica*, Sydney Australia, Agosto 1900.
56. *Un Catecismo Doctrinal*, Stephan Keenan, edición de 1846, p. 176.
57. Discurso del Sacerdote Brady en Elizabeth, N.J. el 17 de Marzo, 1903, reportado en las noticias de Elizabeth, N.J., el 18 de Marzo de 1903.
58. *La Extensión de la Sociedad de la Iglesia Católica*, Peter R. Kraemer, Chicago, Illinois (1975).
59. Sacerdote F.G. Lentz, El Cuadro de la Pregunta, 1900, p. 98.
60. Una "jota" se define comúnmente como una "iota" (i) que es la letra más pequeña en el alfabeto Griego o el punto en una "i". Un "tilde" se refiere a un "trazo" o a un vértice de una letra Hebrea. Debido a que Yahushua no estaba hablando del Griego o del Inglés, sino que del Hebreo, es importante entender lo que significan las "jotas" y las "tildes" en el contexto Hebreo. Los rollos de la Torá son copiados meticulosamente por Escribas e incluyen, no solo letras Hebreas, sino que también jo-

tas, marcas y espacios, así como también letras agrandadas, reducidas e invertidas que fueron hechas por Mosheh. Estas "jotas" y "tildes" tienen significados más allá del verdadero texto Hebreo, pero usted solamente las encontrará en las Escrituras Hebreas.

61. *El Cristiano Bautista*, Alexander Campbell, 2 de Feb, 1824, vol. 1. No. 7, p. 164.
62. *Shabat o Domingo*, John Teodore Mueller, pp. 15, 16.
63. John Wesley, Las Obras del Rev. John Wesley, A.M., John Emory, ed. (Nueva York: Eaton & Mains), Sermón 25, vol. I, p. 221.
64. *Pesado y Queriendo*, D.L. Moody, (Fleming H. Revell Co.: Nueva York), pp. 47-48.
65. *Teología Condensada*, T.C. Blake, D.D., pp. 474-475.
66. *Los Diez Mandamientos*, Dr. R. W. Dale, Hodderand Stoughton, página 106-107.
67. *Guardando el Shabat – Un Hábito Saludable*, Lifford Bajema, El Estandarte, Publicaciones CRC 2005.
68. Yehezqel es la transliteración correcta para el profeta comúnmente llamado Ezequiel. Su nombre significa: "El fortalecerá". El es la forma corta de Elohim.
69. El argumento de que la obediencia a la Torá es poner a una persona bajo esclavitud es erróneo. En muchas ocasiones los discípulos se hacían llamar siervos. (Romanos 1:1; Ya'akov 1:1; 2 Kefa 1:1; Yahudah 1). Un siervo tiene un Amo y un siervo obedece a su Amo. Es así de simple. Si usted ha sido redimido, salvo por gracia, entonces su servicio razonable incluye ser apartado a través de la obediencia. (Romanos 12:1). Usted no es libre de

hacer todo lo que usted quiera, especialmente aquellas cosas que no agradan a su Amo. Por otro lado, usted se deleita al obedecer a su Amo, que por el contrario, le complace a Él. Lo hermoso de este proceso es que con YHWH como su Amo, usted es ricamente bendecido por su obediencia. Hay una gran diferencia entre un esclavo y un siervo. Un esclavo está obligado a obedecer, un siervo obedece voluntariamente. Usted es libre de escoger con YHWH, pero una vez que ha escogido, debe de hacerlo a la manera de Él que es la mejor manera.

70. Es importante enfatizar nuevamente para que no haya confusión: "Porque por gracia sois salvos por medio de la fe; y esto no de vosotros, pues es don de Elohim; no por obras, para que nadie se gloríe." Efesios 2:8-9. El don es la redención que recibimos a través de la sangre de Yahushua que nos limpia de nuestras transgresiones. (Romanos 3:20-26). El punto importante a recordar es que usted estaba una vez bajo la pena de muerte porque usted transgredió los mandamientos. Una vez que ha sido limpiado, usted necesita dejar de transgredir los mandamientos y empezar a obedecer. Esto no lo pone "bajo la ley", lo establece en el camino de la justicia. La Torá define la conducta justa e injusta de manera que es imperativo saber y seguir la Torá a través de la ayuda del Espíritu (Ruach) para poder andar en el camino recto y verdadero de la justicia.

71. *Curas Naturales "Que Ellos No Quieren Que Usted Sepa Al Respecto*, Kevin Trudeau, Alliance Publishing Group, Inc. 2004, p. 139.

Apéndice A
El Shabat Lunar

Muchos que empiezan a entender y a guardar el Shabat se encontrarán con ciertos argumentos con respecto al Shabat Lunar. En resumen, los partidarios a esta noción creen que el recuento del Shabat está dictado por el ciclo lunar. De acuerdo al modelo del Shabat Lunar, cuando una luna nueva es vista, empieza el recuento del Shabat y el ciclo de los Shabats que ocurrirá en los días Octavo, Décimo quinto, Vigésimo segundo y Vigésimo noveno. Si no se ha mirado una luna nueva en el Trigésimo día, entonces ese día se fusionaría con el Vigésimo Noveno día como un Shabat y de acuerdo a algunos, el día del avistamiento también se convierte en Shabat.

Basado en mis cálculos usando el modelo del Shabat Lunar, habrá momentos cuando haya Shabats pegados, algunas veces tres días de Shabat seguidos. Esto se mira un poco raro e inconsistente con el ciclo del séptimo día de Shabat que ha sido observado consistentemente alrededor del mundo por miles de años. (Es decir seis días de trabajo seguidos por un día de descanso).

Para aquellos que no están familiarizados con el significado de la Luna Nueva, esto puede parecer que sea un error. La importancia de la Luna Nueva en lo que se refiere al calendario de YHWH se discute detenidamente en el libro titulado "Fiestas Solemnes" de la Serie de Caminando en la Luz. Basta con decir, que esto es un tema muy importante y que las Lunas Nuevas históricas han sido tratadas de manera especial y con celebración. Por lo tanto, el Shabat Lunar no debe de descartarse precipitadamente. De hecho, ciertas Escrituras han vinculado las Lunas Nuevas y los Shabats juntos. Por ejemplo: *"Asimismo adorará el pueblo de la tierra delante de YHWH, a la entrada de la puerta, en los Shabats y en las Lunas Nuevas."* Yehezqel 46:3. También leemos: *"Mas al príncipe corresponderá el dar el holocausto y el sacrificio y la libación en las fiestas solemnes, en las Lunas Nuevas, en los Shabat y en todas las fiestas de la casa de Yisrael; él dispondrá la expiación, la ofrenda, el holocausto y las ofrendas de paz, para hacer expiación por la casa de Yisrael."* Yehezqel 45:17. Hay muchos otros pasajes que agrupan a los Shabats, las Lunas Nuevas y las fiestas juntas en la categoría general de las Fiestas Solemnes. Lo importante a destacar es que estas Fiestas Solemnes están en categorías diferentes y por lo tanto son únicas. El Shabat es separado de una fiesta y lo mismo sucede con respecto a las Lunas Nuevas.

Ahora, algunos partidarios del Shabat Lunar afirman que las Lunas Nuevas no son lo mismo que los Shabats, ellas simplemente dan inicio al recuento del Shabat. Ellos hayan un respaldo para esta proposición en Tehillim 104:19 que dice: "Hizo la luna para los tiempos; El sol conoce su ocaso." RV. En el Hebreo este verso literalmente dice que Él hizo la luna para los "moadim." En otras palabras, la luna determina el tiempo de los moadim, eso no incluiría el Shabat el cual es un día especial único que empieza su recuento durante la primera semana de la creación que no fue basada sobre la luna recién creada.

Durante la primera semana de la creación el sol y la luna fueron creados en el cuarto día (Bereshit 1:14-19). No se nos dice en qué fase de la luna estaba en el cuarto día pero debido a que YHWH llama a la luna creciente Luna Nueva, o más bien "Rosh Chodesh" que literalmente significa "Cabeza del Mes" es seguro decir que fue 1) una luna nueva creciente o 2) en el cuarto día de la fase lunar, el primer mes empezó tres días antes a ese tiempo.

El primer escenario no respalda el modelo del Shabat lunar. Mientras que el segundo escenario sería consistente con el Shabat lunar durante el primer mes, que pronto se desviaría. En resumen, no hay indicación por parte de las Escrituras que el recuento del Shabat fuera reiniciado cada Luna Nueva o que tuviera alguna relación directa al Ciclo Lunar. Más bien, pareciera indiscutible que la semana de siete días, con el séptimo día Shabat, continúa hasta nuestros días como un testimonio de la creación. En mi opinión, el modelo del Shabat Lunar es muy confuso y gravoso y aunque es interesante, no está respaldado por las Escrituras.

Apéndice B
El Ciclo Continuo del Shabat

Una pregunta que se plantea a menudo por la gente que empieza a entender la relevancia actual y la importancia del Shabat es: ¿Cómo sabemos que el día que comúnmente llamamos como Sábado es aun el séptimo día? En otras palabras, ellos quieren saber si el ciclo de la semana de siete días ha permanecido ininterrumpido desde la creación asegurando que el séptimo día que reconocemos hoy como el Shabat es en realidad el séptimo día.

No hay un argumento histórico subyacente para sugerir que alguna vez ha habido algún cambio en el ciclo Sabático así que esto no es nada más que una pregunta interesante. En todo caso, es una pregunta válida con una respuesta fácil pero con una explicación un poco complicada. Primero, la respuesta es que el Shabat, que es reconocido universalmente hoy en día es, de hecho, el séptimo día.

Los historiadores y los astrónomos parecieran todos estar de acuerdo que no ha habido una interrupción del ciclo semanal durante ningún periodo de la historia. Para aquellos que creen en la exactitud de las Escrituras esto los llevaría a la conclusión de que no ha habido una interrupción del ciclo semanal desde la primera semana de la creación.

La Astro-Arqueología, un campo que usa registros históricos combinados con modelos de computadora, puede confirmar a través de eclipses solares y lunares conocidos que los días de la semana han permanecido iguales a lo largo de los milenios. Lo hace al comparar los registros históricos que proveen fechas y reportes de eclipses y luego los confirma con nuestro calendario actual a través de programas de computadora. Esta técnica ha validado el calendario actual.

Algunos creen que el cambio del calendario Juliano al Calendario Gregoriano afectó el ciclo semanal pero eso no es correcto. En 1582 un error en el Calendario Juliano fue corregido al implementar el Calendario Gregoriano. Bajo el Calendario Gregoriano un año era reconocido porque tenía 365.25 días solares de duración aunque un año solar debería de haber sido calculado con 365.242195 días de duración. A lo largo de los siglos lo que originalmente era una discrepancia muy pequeña resultó en un cambio de 10 días. Entre los años 1582 y 1752, varios países a través del mundo adoptaron el Calendario Gregoriano el cual re-sincronizó la fecha, pero nunca impactó el día de la semana. En otras palabras, cuando los países implementaron el Calendario Gregoriano, cambiaron el número de la fecha de un mes, pero no el día de la semana.

Finalmente, siempre ha habido un remanente de Creyentes que guardan la Torá a través de la historia que han mantenido no solo la exactitud de las Escrituras, sino que también la exactitud del día de Shabat. Hasta donde yo sé, ninguno de estos grupos ha declarado nunca que el Shabat haya cambiado en algún momento de la historia. Por lo tanto, basado en toda esta evidencia, es mi opinión, que podemos "descansar seguros" que el Shabat que reconocemos que empieza el Viernes a la puesta del sol y termina el Sábado a la puesta del sol es, de hecho, el séptimo día Shabat.

Apéndice C
Resumen de La Serie de Caminando en la Luz

Libro 1 — Restauración – Una discusión de las influencias paganas que se han mezclado con la fe verdadera a través de las eras lo cual ha resultado en la necesidad de la restauración.

Libro 2 — Nombres – Discute el Nombre Verdadero del Creador y del Mesías así como la importancia de los nombres en las Escrituras.

Libro 3 — Escrituras – Discute el origen de las Escrituras escritas así como muchos errores de traducción que han conducido a falsas doctrinas en algunas de las religiones principales.

Libro 4 — Pactos – Discute los pactos progresivos entre el Creador y Su Creación como se describe en las Escrituras lo cual revela Su plan para la humanidad.

Libro 5 — El Mesías – Discute las promesas proféticas y cumplimientos del Mesías y la verdadera identidad del Redentor de Yisrael.

Libro 6 — El Redimido – Discute la relación entre el Cristianismo y el Judaísmo y detalla como las Escrituras identifican a los Verdaderos Creyentes. Revela como la doctrina Cristiana de la Teología del Reemplazo ha cau-

	sado confusión en como el Creador mira a los Hijos de Yisrael.
Libro 7	La Ley y la Gracia – Discute a fondo la falsa doctrina de que la Gracia ha eliminado a la Ley y demuestra la importancia vital de obedecer los mandamientos.
Libro 8	El Shabat – Discute la importancia del Séptimo Día Shabat así como los orígenes de la tradición con respecto a la adoración del Domingo.
Libro 9	Kosher – Discute la importancia de comer comida prescrita por las Escrituras como un aspecto de una vida recta.
Libro 10	Fiestas Solemnes – Discute las Fiestas Solemnes establecidas por el Creador, consideradas a menudo de manera errónea como las fiestas "Judías", y fundamentales para el entendimiento del cumplimiento profético de las promesas de la Escritura.
Libro 11	Fiestas Paganas – Discute los orígenes paganos de algunas fiestas Cristianas populares las cuales han reemplazado a las Fiestas Solemnes.
Libro 12	El Shofar Final – Discute el caminar requerido por las Escrituras y prepara al Creyente para los engaños venideros en el Final de los Días.

La serie empezó como una simple presentación de Powerpoint que tenía por objeto desarrollar un libro con doce capítulos diferentes pero terminó siendo doce libros diferentes. Cada libro tiene por objeto ser independiente aunque originalmente la idea era que la serie fuera construida de una sección a otra. Debido a la urgencia de ciertos temas, los libros no han sido publicados con orden y secuencia.

Para las fechas previstas de lanzamiento, anuncios y enseñanzas adicionales cheque en :

www.shemaysirael.net

Apéndice D
El Shema

Deuteronomio (Devarim) 6:4-5

Oye, Israel: El SEÑOR nuestro Dios, SEÑOR uno es. [5] Y amarás al SEÑOR tu Dios de todo tu corazón, y de toda tu alma, y con todas tus fuerzas.

Traducción Tradicional al Español

שְׁמַע יִשְׂרָאֵל יְהוָה אֱלֹהֵינוּ יְהוָה ׀ אֶחָד׃

וְאָהַבְתָּ אֵת יְהוָה אֱלֹהֶיךָ בְּכָל־לְבָבְךָ וּבְכָל־נַפְשְׁךָ וּבְכָל־מְאֹדֶךָ׃

Texto Hebreo

¡Shema, Yisrael: YHWH Elohenu, YHWH echad!

V-ahavta et YHWH Elohecha b-chol l'vavcha u-v-chol naf'sh'cha u-v-chol m'odecha.

Texto Hebreo Transliterado

www.ingramcontent.com/pod-product-compliance
Lightning Source LLC
Chambersburg PA
CBHW071726090426
42738CB00009B/1888